海鸥文学馆

哦亲爱的大海

主编 安武林

中国海洋大学出版社

大海与帆船

童年的时候如果没有梦想

我就不能和大海相遇了

童年的时候没有憧憬

我就不能在大海里航行了

孩子，放逐一只纸船吧

不管你眼前的小河有多么小

要相信梦想和憧憬的力量

大海和帆船都等你在远方

安武林

一片粗硕的芦苇，郁郁苍苍。茅草在海风中抖索。透过芦秆的空隙，看见大海在闪光。乍看，海滩是沉寂的。但大汉一声轰雷般的吼叫，芦苇丛中卧伏着的牛被惊起了，宛如一座座黑色的山峰自平地突然升起。

——曹文轩《海牛》

每年，小仙女都要到海边去一次。

日出之前，她来到海边，把采自山谷的露珠轻轻地撒到大海里。

当她把最后一颗露珠放进海水中的时候，大海会用朝霞把她的白衣服染成最漂亮的颜色。

——安武林《仙女的海滩》

大海妈妈住的房子像座富丽堂皇的水晶宫。闪闪发光的屋顶，是无数个五颜六色的贝壳缀成的，四角装饰着美丽的螺钿。

——金涛《大海妈妈和她的孩子们》

它 不断地升腾

……

宛若向日葵一般

挂在高高的天空

不停地

不停地向大海抛洒金色的花瓣

——安武林《海上日出》

目录

海 牛

| 曹文轩 |

他家要买牛。

这里往西三百里是芦荡，往东三百里则是大海。这里用的牛分两种，从芦荡引回来的叫"荡牛"，从海边引回来的叫"海牛"。荡牛躯壳瘦小，力气单薄，一个小小的石磙子就会拖得它直喷鼻子，嘴边光泛白沫，肩胛像沉船一样倾斜下来。这种牛让人很有点儿瞧不起。"嘻，荡牛！"连孩子们都常用大拇指按住鼻子，不断扇动其他四指，表示深深的蔑视。只有一

点好处：价贱。海牛是海滩上野放的牛，啃啮海滩上的芦苇长大。这种牛骨架高大，体格健壮，脾气如同它身边的大海，暴烈、力大无穷，沉重的铁犁插进再硬的泥土，它也能拉起撒蹄飞跑，溅起一团团黑色的泥浪，累得扶犁的大汉气喘吁吁、大汗淋淋。这牛往那儿一立，就显出一股昂然之气。握着这种牛缰绳的主人，脸上则会显出一派矜持和傲气。

他家有了一片地，一片荒地。

祖母说："我要给孙子买头牛。"

买海牛。

祖母颤颤巍巍地捧着藏钱的黑陶罐，问他："真不念书啦？"

"我已经说过了，没考上高中。"

祖母是个十足的盲人。但此刻，她的眼睛里却分明透着疑惑：老师曾不止一次上门向她夸耀过她孙子的成绩，怎没考上？

他的头因为难过而低垂……

天底下，他唯一的亲人就是瞎祖母。父亲在他三岁时暴病身亡。仅隔一年，母亲又得病去世了。母亲下葬的那天，祖母把像小鸡雏一样哆嗦着的他紧紧搂在怀里。坐在妈妈的棺材远去的路口，她用手抚摸着他柔软而发黄的稀发，凄苦的面孔冲着阴沉的天空，只对他说一句："别怕！"

瞎祖母，独自一人，居然把他利利落落地拉扯到十五岁。

现在她衰老了。

那天，她捶着搓绳用的稻草，捶着捶着，榔头从她无力的手中滑脱出来，砸在了另一只发僵的手上，皮开了，紫黑色的血从手指缝里一滴连一滴地落在金色的稻草上。她哆哆嗦嗦地摸起榔头还要捶，他一眼瞥见了血，跑过来抓起了她的手，用嘴唇轻轻地吮净了她手上的血迹："你怎么啦？"

祖母眨着眼睛，笑了笑："榔头掉下来了。"

他第一次仔细地打量着祖母：她的两个瘦削的肩胛高高耸起，麻网似的一头白发飞张着，暗黑色的脸上布满横七竖八的皱纹，牙齿脱落了，两腮瘪陷下去，嘴角承受不住面颊肌肉的松弛而低垂，双手的骨节变得粗大，弯曲着，不易伸直，也不易收拢。她的身后堆着一堆草绳。

他松开她的手，拉过绳看着：她的手由于缺乏足够的力量，绳子搓得十分稀松，像根软带子。他双手捏着绳子一拢，那绳子便分为两股；而在过去，由于绳子带着一股含蓄的力量，立即会拧成麻花。人们总是夸祖母的绳子："像根铁条似的。"

现在，她的绳子大概卖不出去了，身后竟堆了那么高高的一堆。

他丢下绳子，垂头走到阴凉的河边。

第二天，他把闭着眼睛都不会做错的题目，错得一塌糊涂……

"你怎么会考不上呢？"祖母盯着他。

他说："把你攒的钱买头海牛吧。"

祖母从未见过自己一口饭一口水抚养大的孙子究竟长成了什么样子。她伸出手去，在孙子的身上摸着。

他有点儿不好意思。

他的身体还没有发育成熟，单薄得像片铁片，脖子、胳膊、腿，都是细长的，胸脯还是孩子样的扁平，但挺得很直，很有力感，眼睛既深又亮。整个看上去，像是一把过于锋利的刀削出来的，瘦，而有精神。

祖母把黑陶罐递给他："够买一头牛啦。"

　　"数数吗？"

　　祖母摇摇手。十几年里，她无休止地搓着草绳，卖掉，一分一分地投往黑陶罐。这钱一分一分，不是从她的手上过的，而是从她心里过的。她忘不了这个数目：七百块！

　　"就请你德魁大叔帮咱下海牵回头大牛来吧。"祖母因这件大事激动，兴奋，显得精神蓬勃，那双瞎眼似乎也在熠熠发光。

　　"干吗请人呢？"

　　祖母摇摇头。她舍不得，也不放心让她唯一的、才十五岁的孙子去干这样艰辛的大事。去，坐汽车一天；回，得赶着牛，日夜赶路也得三天。再说，她是一个盲人，和孙子合用一双眼睛，她也离不开他。

　　"我看不见，烧呀煮的，一个火星迸到干柴上，这茅屋……"

　　他不吱声。晚上，他把祖母托付给好朋友们，夜里，带着钱，悄然离开了家门……

2

　　海边的人一律用惊奇而又不信任的目光迎接了他：
"买牛？就你？"

　　"不缺你们一分钱的。"依旧带着稚气的脸一阵
臊红，他用十分硬气的话呛得那些海边的人面面相觑。

　　一个皮肤闪着古铜色光泽的大汉站在他面前。他
的腿，短而粗，宽阔的肩膀，平直得像条木杠，胸脯
厚得像堵墙，胳膊上的肌肉隆起，形成两个球形，一
双小眼，透出一股海边人才有的野蛮。他嘲弄地一笑，
把他带到海滩。

　　一片粗硕的芦苇，郁郁苍苍。茅草在海风中抖索。
透过芦秆的空隙，看见大海在闪光。乍看，海滩是沉
寂的。但大汉一声轰雷般的吼叫，芦苇丛中卧伏着的
牛被惊起了，宛如一座座黑色的山峰自平地突然升起。
随着大汉又一声吼叫，那些山峰运动起来，聚向一处，
朝远处的大海边凶猛地奔腾，芦苇在劈开，在折断，
在牛们的践踏中发出"咔吧咔吧"的爆裂声。

　　大汉拉了他一把，用粗臂分开芦苇，跟着追去。

　　他紧紧地跟上。

牛群被一直逼到海与芦苇之间的一块空白的褐色地带，挤成一团，潮湿的海滩上留下无数混乱的蹄迹。

大汉坐下了，只给他一个脊背："喂，要哪一头？"

他没有立即回答，用大得出奇的眼睛望着这令人激动不安的牛群。那些牛的一对对凸眼，琉璃球一般发亮，透出一股不可拘束的野性。被海风吹成金黄色的牛毛，在阳光下闪烁。牛蹄坚硬的叩击，震得海滩微微发颤。

那是一块块铸铁，一个个走雷，一团团力量。

"到底要哪一头？"

他仍然不作回答。十五岁了，十五岁的人办事当然得有几分样子了，得稳重、老练。

青灰色的天空，与远处的海水连接在一起，又猛然朝这边人的头顶上方高高地飞腾上去。一团团铅色的云，仿佛是远处的波浪腾入天空，被风推着，直朝人的头顶上方漫涌过来。无涯的大海汹涌沆漭，发出一片惊心动魄的澎湃之声。一排排巨浪，朝岸边滚动着，浪脊巍然耸起，形成一道道暗绿色的拱墙，压过来了，轰然摔在沙滩上，"哗哗"崩溃了，留下一片白沫退

下沙滩，又一道拱墙耸起，倒下……

他竟忘了他是来买牛的，久久地看着猛烈、癫狂的大海，转而又看着那群风餐露宿在海边、听着涛声长大的剽悍大牛。海风不住地掀动着他垂挂在额头上的粗硬的黑发。

"你还买不买了？"大汉说。

他站起来："我要最高、最大、最凶的那一头！"

大汉古怪地一笑，朝他点点头。

他立即毫不含糊、报复性地也朝对方点点头。

大汉从地上弹起，朝牛群冲去。牛群炸了，四处奔突。一头小牛犊跌倒了，"哞哞"地惊叫着爬起来又跑。

"咚咚"的牛蹄声汇集在一起，变成"隆隆"的巨响。

他的眼睛紧紧盯着一头鬃毛亮得发黑的大牛紧追不放，牛闪电般地从他身边不断闪过。

他站着不动。

那头大牛直朝大海扑去。在蓝白色的浪峰和高阔的蓝天映衬下，这家伙显得十分威武。

"就是它！就是它！"他在心中叫着。

大牛冲到了海里，一排浪头打过来，它忽地消失了。

当海浪在它身上碰成飞沫散落后，它昂首天空，吼出重浊的"哞哞"之声。那声音和飒飒波声融合在一起，让人心颤。

大汉追了过去。大牛沿着海边浅浅的潮水疾跑，溅起一路水花，一直溅到大汉的脸上。大汉急了，解下挂在腰里的一圈绳索，"呼"地飞出去，绳圈不偏不斜地套在它的颈上。它把大汉拉倒了，但它也双腿跪在了沙滩上。不等它跃起，大汉已一跳而起扑上去骑到它颈上，用手抓住自它幼年时就穿在它鼻上的铜栓。大牛站起来继续跑动，并用力甩着脑袋，企图把大汉甩落下来。大汉一手死死抱着它的颈，一手迅速地在铜栓上扣上了绳子，然后抓着绳子的另一头往旁边一跳。缰绳一下绷直了，那牛从鼻子里发出一阵痛苦得叫人难受的嘶鸣，以大汉为圆心，蹦跳着打着圆圈。大汉慢慢收紧绳子。它暴躁地跺了跺蹄子，用犄角掀翻了几块泥土，终于站住了。

大汉气喘吁吁地牵着它走向他："喂，行……行吗？"

他望着它：眼睛呈黑色，鼻孔喷出的气流冲倒了

两旁的野草，一对如大象巨齿一般的犄角，有力地伸向两侧，然后拐了个很优美的月牙弯儿，角质坚硬，闪着黑光，角尖锋利得叫人担忧。它的身体仿佛是金属的，用巨锤砸出来，胸脯宽阔，胸肌发达，显出一团团强劲的肉疙瘩，脊背的线条几乎是用刀削出的一条直线，粗长的尾巴一刻不停地甩动着，发出"叭叭"的声音，把芦苇打得七倒八歪。

有那么片刻的时间，他有点儿胆寒了，用双手抱着肩。然而，当看到大汉那逗弄的目光时，他说："回村吧。"他的声音分明在发颤，麻秸般的细腿禁不住在抖动。

显然，大汉看到了。大汉笑笑，把牛牵到村里。

众人围过来观看着。

大汉问："你真要吗？"

"我已说过了。"

"七百块钱。"大汉把众人商定的价格告诉他。

他立即用手抓住了用绳子拴在脖子上的钱包，紧张地望着大汉。

"有这么多的钱吗？"大汉咬着厚嘴唇笑笑。

他又望着众人，钱在手里攥得更紧了。

大汉吹了口气，对大家说："算了，让它重回到海滩上去吧。你们就不想想，大人们怎么会把哗哗七百块票子搁在这么个小毛头身上？我只存心拿这个小蛋儿开开心罢了。"大汉又转向他，说道："喂，你长这么大，才摸过几个钢镚儿呀？你数数能数到七百了吗？啊？你买牛？去，还是找孩子和小狗们玩去吧！哈哈哈……"说完他就要解掉牛绳。

那些海边的人都张嘴大笑："哈哈哈……"

他一把抓住牛绳，用尖利的牙齿一口咬断线绳，把钱包丢在地上。

"嗬！"大汉闭起一只眼睛看着他，像瞄准什么似的。过了一会儿，他捡起钱包，举在手里，朝众人喊："你们看呀！"当大汉见到厚厚一沓票子时，脸唰地红了。

他讥讽地耸了耸鼻子。

大汉不住地用手指蘸着唾液，点完钱，尴尬地笑着。

他睥睨了大汉一眼，牵着牛，拨开人群就走。

一位老汉拄着拐棍："他能把这个畜生引回家吗？

去个人，帮他送回去。"

大汉追上去，不再嘲弄，一派诚意："好样的，小老弟！我喜欢你！不过我还得帮你把它送回去。"见他不搭理，大汉连忙说，"不是瞧不起你，这牛太凶！你……你没有这把力气。"

"我能！"他紧紧地牵着牛绳。

说也怪，那家伙不躁也不怒，温顺得像匹母马似的跟着他。

"那你身边还有钱回家吗？还还价吧！"大汉说。

他回头看了看大汉："有。"

走了几步，他又回过头来，用手在嘴边做成喇叭："大叔，你刚才逮牛可逮得真好看——"

这声音在旷野荒郊上飞扬。等袅袅余音消逝在苍茫里，荒原一片静穆。他们长时间对望着。然后，他深情地一点头，掉转身去，沿着大路，向西走了。牛在盐迹斑斑的黄泥路上烙下一个又一个深深的蹄印。

大汉向他不断地摇动着手，一直看着他和牛消失在漠漠的荒原上……

③

在这头雄壮的公牛对比之下，他显得更加弱小。谁见了都会有这样的担心：一旦这公牛暴躁，卷起旋风来，就会将他轻而易举地挟裹、抛掷到任何角落。他觉察到自己在焦急不安地等待着什么，然而，整整一个上午都没有发生任何异常迹象。那牛一声不响地跟着他。当他转过头去察看它那双凸出的眼睛时，他忽然从那种安静里感到一种不祥，一种潜在的危机。他心里感到气虚，有点儿信不过自己，甚至有一种不期而然的恐怖感。他开始有点儿懊悔：为什么一定要挑选这头牛呢？

他很想哼一支歌。但他不会唱歌。

下午，它终于开始找他的麻烦了。它显出再也憋不住的恶相，喷着响鼻。他心一紧缩，不由得抓紧牛绳，并不时地掉过头去观察它。它的脑袋烦躁地甩了一阵，往脑前用力一勾，鼎立着不走了。

他拉了拉牛绳，它纹丝不动。

"不走吗？"他用威胁的口气说。

牛倔强地挺立在原地。

　　"你等着！"他觉得该立即给它一点厉害看看，让它睁眼认识认识他。路还长着呢，任它这样下去还得了？他顺手从路边树上扳下一根树枝，"走还是不走？"

　　不走。

　　"好啊！"他用警告的口气说，"再不走，我就要抽你了！"

　　它极为傲慢地一甩脑袋，把他打到了路边。

　　他踉跄了一下，急了，挥起树枝就抽，它先是忍着，任打不动，突然猛然往前一跃，把绳子从他手里拽出，沿着大路飞奔而去。

　　"站住！"他赤着双脚，拼命地追赶上去。

　　它根本不顾他的呼喊，身体像海浪一样颠簸着猛跑，后蹄不住地向后抛着泥花。

　　"站住！"他被土疙瘩绊了一下，重重地栽倒在地，摔得满眼闪着金星。他用胳膊支撑起身子。他额头满是泥土，面颊擦破了，鼻子也流血了。他望着在他面前腾跃的大牛。他看不见它的脑袋，只见两根半截牛角、四只不停地向后掀动的蹄子和一堵墙似的臀部以及飞在空中的大尾。他是趴在地上仰看的，那跑动中的牛也就越发显得庞大、气派。他用手背擦去鼻下的血，用欢呼的声调叫着："站住！"他跳了起来，撒腿猛追。

不知追了多远，牛突然站住了——过一座水泥桥时，牛绳正巧卡在了两块水泥板的缝隙里。

他喘着气笑那牛："跑呀，你怎么不跑呢？"

他又抓回了牛绳。他揍了它一顿，然后，轰它急急忙忙地赶路。一个下午，一会儿走，一会儿跑，一会儿拽，一会儿推，不住地吆喝，不住地咒骂，不住地流汗，不住地喘息。

夜慢慢笼罩下来。他两腿拖不动了，把牛紧紧地在树上拴好后，身体顺着一棵老树的树干溜下，软绵绵地躺在草地上，干咽着奶奶给他做的干粮。

天空没有一丝云彩，月亮和星星照耀着村庄、田野和河流，空气是透明的，能看出很远，近处，甚至连草茎都依稀可辨。不远，是条大河，水色茫茫。除了"豁啷豁啷"的流水声在夜空下传播着，整个荒原竟无一丝声息。

此刻，是这一天里面最安静的时候。

夏末的夜已颇有几分凉气，加之又在生疏的异乡荒野，他无法入睡。仰望星空，他想：家在哪一颗星

星下面呢？奶奶还在搓绳吗？

祖母为了她这个孙子，不分寒冬溽暑，搓了十几年的草绳，捶草的石头被捶出一个凹坑。她的手磨去一层一层皮。有时生活拮据，她会一宿坐在凳上，直搓到四方大亮。刚刚长出新皮的手又被搓破了，渗着鲜血，他见了想哭。祖母说："别怕！"至今她搓的草绳一根根接起来该有多长呢？

他开始想念祖母。

牛卧在地上，它也在仰望着星空。夜色里，那两只眼睛，闪着生动的光彩，两只犄角显得更长，更美。月色在它迷人的黑色的剪影上笼上银色的光圈。

他挪了挪身子，挨近了它，倚在它光滑的身上，用后颈亲昵地摩挲着它的身体，望着星空，心里充溢着甘美的幸福：奶奶，等我和牛！

他猛然想起祖母一日三顿的烧煮，心一下紧缩了：不会有火星迸到干柴上吧？

……

时间在黑暗里无声无息地流动着。不知什么时候，远方拍击河岸的水声，在他的听觉里，变成了祖母捶草的榔头声——几乎每天夜里，总是这榔头声将他带进梦乡——他垂下眼皮睡着了。不知什么时候，他又被冻醒了。河上吹来凉丝丝的夜风，他浑身哆嗦，用胳膊紧紧抱住身体。一想起祖母，他立即跳起来，解开牛绳：赶路吧！

月光颤动着，广阔自由的夜风，吹在远处几株黑色的、弯曲着奋力向上的毛榉枝头，发出唿哨声。灌木林的顶上闪着亮光。似乎在很遥远的地方，有个赶牛车的或是守风车的老人，为了打发寂寥在哼着一支没词的古调，声音苍哑缓慢，摇曳不定。

不知什么时候，月亮沉没了。荒野变得朦胧、幽邃。芦苇、树木、水泊，一切，都变得虚幻，让人捉摸不定。远处，发绿的磷火宛如幽灵在徘徊。荒原的精魂在整个地带的上空徜徉叹息。

他紧紧地挨着牛。

牛用鼻子往他手背喷着热气。

尽管他不会唱歌，但他还是哼起了小曲，带着童音的、单薄的声音在夜空下荡漾着。

河上没桥，摆渡人在酣睡。望着迷蒙的大河，他犹豫不决。祖母会不会把火星迸到干柴上？这个鬼问题像水草一样死死地纠缠着他。他立即把牛赶进水里，

自己骑到牛背上。牛朝河中游去，发出划过细浪的漠然的潺潺声。很快，它的身体被河水淹没了。他的下身也都浸到了冰凉的河水里。

星星变得朦胧，遥远的对岸闪烁的灯光渐渐泯灭了——雾开始弥漫过来。发白的河水渐渐变黑了。

他想退回岸边，可是，拳头却在不停地催牛泅渡。

雾光是透明的，犹如轻纱在飘动，后渐浓，仿佛一垛燃烧的湿木柴飘出的烟，涌过来，滚过去，翻腾，追逐，再后来——当牛游到河心的时候，已浓得厚实、沉重了。天地间顷刻被大雾封闭，不透一星光亮。无边无际的雾，向这个泡在水中年方十五的他扑将过来，缠裹着他，压迫着他。水声在雾里变得十分空洞。他的心不禁骤然收紧了，突然觉得自己的身体被大雾挤压成一个可怜巴巴的小点点。他环顾四周——被围困了！他下意识地推动了几下——在这软体但又推不开的雾面前，他完全无能为力了。

风渐大，从北方的旷野上刮来。大河开始晃动，掀起浪头，发出"哗哗"的扑击声。湿雾弥漫的半空里，水鸟发出凄厉的叫声。牛像一叶扁舟在看不见的波浪中游动，水浪不时被牛角击碎，变成无数水珠，分别从左边和右边朝他脸上纷纷泼来，一会儿工夫，他的衣服就完全被打湿，紧紧地裹着他瘦削的身体了。

他长到十五岁，从未经过这样的大雾，更何况是在一条似乎无边的大河之上。他充满恐惧的双眼紧盯前方——没有物体，没有亮光，没有一丝生气，什么也没有。当一个黑色的浪头整个儿扑在他身上时，他闭上了眼睛。他真的有点儿后悔了："我不该自己来买牛的。"

牛不住地扇动着耳朵，发出呜咽声。

他彻底害怕了。他仰望天空：星星呢？他希望有一颗星星，哪怕只发一星光亮。他由自怜变为气恼，由气恼变为莫名的愤怒。这孩子突然无缘由地迁怒于安息在天国的父亲与母亲："你们为什么死那么早？为什么死那么早哇？！"

雾像没有形状的怪兽，翻腾着，澎湃着，把他扑倒在它的腹下搓揉着。他忽然索索发抖，继而站在牛背上，挥动着两只瘦长的胳膊，向着苍茫，用尽力气呼喊："奶奶——"

仅仅这一声，他的声音顿时沙哑了，浑身的力气爆发得一丝不剩，软乎乎地伏到牛背上——此时此刻，

他只有这头牛了。

当他睁开眼睛时，天已亮，牛站在高高的河堤上。他掉头一看，橙色的朝霞映照着变得明亮而平静的河水。

牛长长地吼叫了一声，划破了荒原之晨的宁静。

这是往回走的第二天，干粮已经吃尽。饥饿、寒冷、恐惧、与牛不断的角力，使他身躯里的力量几乎消耗殆尽。他的心开始发慌，冷汗淋漓，嘴唇灰白，两眼发黑，双腿如雪地中初生的羊羔直打哆嗦。他的脚底板也早已磨出血泡。而此时，牛方才显出真的要他好看的架势。这畜生像蓄谋已久似的，要专等他力气耗尽了再施展自己的威风。它伏在地上，不管他怎么催赶，死活也不肯爬起，那条大尾巴来回甩动，把地面扫出一个坑来，弄得尘土飞扬。而当他坐在路边准备喘口气时，它却跃起，向前突进，逼着他只好爬起来追赶，它一会儿冲上满是瓦砾的路，让尖利的瓦片刺得他脚板钻心疼痛，一会儿冲入水中，逼他把刚刚晒干的衣服浸湿。它由着性子折磨它的主人。它现出了一头真正的海牛才有的凶顽和野蛮。

渐渐地，他没有力量制约它了，而只能受它任意摆布。他咬着牙，跌跌撞撞地跟着它，几次摔倒又几次爬起。他张大嘴巴，急促喘息，脸色蜡黄，两眼发黑。嘴唇由于体内水分严重散失而破裂，流着鲜血。好几次，他以为自己再也不能把它赶回家了，想就此松掉手中牛绳，任它跑去好了。

乌云又开始飞涨。先是小风，顷刻间，大风便呼啸着掠过田野，卷起枯藤萎蔓直入天空，冲击波使四周发出尖厉的树木折断声。他被压得抬不起头，只能侧着身子，用胳膊挡住眼睛赶着牛。掉雨点了，满是尘埃的土路扬着灰尘，如同飞驰过一群野马。他抬头看了看面目狰狞的天空，要把牛牵到躲避风雨的地方。它像是好不容易捞到一个最利于它撒野的机会，死活不肯依允主人，用前蹄抵着地面。转眼间，暴雨来临。锯齿形的电光割开天空，和着惊雷，它兴奋得"哞哞"高叫。雨猛得像是一只怒不可遏的手泼浇下来。斜射

下来的雨柱，组成了一道密不透亮的雨墙，四周白茫茫，一个水的世界。雨喷洒着，迸射着，淹没了一切。闪电不断落进河流，发出熄灭的"呼嘘"声。

雄浑而险恶，壮丽而残暴。

他睁不开眼，"哗哗"倒下的雨水，呛得他透不过气。风用无形的犄角恶狠狠地袭击着他，简直要把他席卷而去。他抓着牛绳，艰难地赶着牛。它开始一跃一跃地前进，后蹄溅起的泥水，溅了他一脸，刚被大雨冲刷干净，又溅了一脸。它还不时地甩尾巴抽打他。他只好忍着，因为，他已完全丧失了惩治它的力量。看来它下决心要他松开绳子，越跑越快。焦干的黏土一经雨水，变得泥泞不堪，黏胶一般，每走一步他都要咬紧牙关。他不时地张着嘴巴，往肚皮里吞咽着雨水，好增加点力量来紧追它。他又跌倒了，被牛拖出去五米远。它站住了，半天，他才从泥水中挣扎起来。他要改变一下他和它的关系，用尽力气跑到了它的前头，想由原来的追赶变成牵引。

牛暴躁起来，猛地一甩脑袋，只听见"叭"的一声，绳子断了！

他仰跌在地上，等他爬起来，牛已经消失在重重雨幕里。他急得乱转，大声呼唤。牛叫了，估摸在左侧五十米远的地方。他掉头追去，不知追了多久，才依稀看见它的身影。他怕自己倒下，从路边抓一根棍子拄着，两眼紧紧地盯着前方一团黑乎乎的影子——他的牛！

他恨自己竟被一头牛弄成这样。

大牛挺立在暴风雨里。

他一直爬到它眼前。他用手捂住了眼睛，向牛哭泣起来。

雷声隆隆，大雨滂沱。大牛神态傲然，对他置之不理。

他望着它，啜泣着，呜咽着。

天气继续恶化。突然，他跪在了它的面前！

大牛昂首天空，"哞哞"两声。接着它掉转头去，朝着大海的方向！

他依然木然地跪在雨地里。

它越走越急，好像要立即回到大海边。

他挥着双拳大声呼叫："滚吧！滚吧！快点儿滚吧！"骂完了，他跳起来，以他自己都不能相信的速度狠追过去。牛蹄在泥水里发出"啪嗒啪嗒"的声响。

它冲下大堤，他跟着冲下去。冲到半腰他滑倒了，骨碌碌直滚下去。沿着河边追逐了一阵，它又冲上大堤，然后掉头嘲弄地望着他。

他又一次跌趴在泥泞里，双臂伸开，两手无力地抓着泥巴。他感到脑袋十分沉重，脸颊贴着冰凉的泥水，闭合上眼睛……

祖母在过桥。冬天，只一尺宽的木桥落满雪花，被冻成寒光闪闪的冰桥。祖母背着沉重的一大捆草绳，在高悬于冰河上的桥上爬行着。冰桥发出"咯吱咯吱"的声音。她要去镇上卖草绳。他恰巧来到桥头，吓得一口咬住指头。他不敢喊叫，也不能过去搀扶——那样更危险。祖母爬呀爬呀，用老手紧紧抓着冰桥锋利的边沿，一寸一寸地挪动。寒风掀动着她的苍苍白发和发白的老布衣。泪眼蒙眬，使他看不清祖母，只模糊地见她背负着小山一样的东西移动过来。祖母终于越过了冰桥。他连忙扶起她，只见她满额冷汗。"别怕！"她总是这么说……

他到底用胳膊支撑起身体，仰望着大堤上的牛。它一动不动地侧卧着，踌躇满志地对着苍茫的天空。朦胧的雨幕里，它显得十分庄严，宛如一尊河神。

它动了一下蹄子，哼了一声。

他高兴而轻蔑地瞟了它一眼。

由于暴雨，河流凌乱无章地翻滚着黏土、树干和杂草，疾速流动着。他趴在河沿上，"咕嘟咕嘟"地喝着水。岸边的芦苇根上附着虾。极度饥饿使他见到那些虾而嘴角流下馋涎。他伸出手去，一把狠劲地抓住两只，一口一只吞进肚里。抓着，嚼着，吞着，带着一股野蛮的劲头。他吃饱了，站起来歇了口气，觉得自己又有了点儿力气。

他卷起裤管，依然瞪着它，眼睛里闪动着狠巴巴的亮光。当牛刚掉过头去时，他沿着陡峭打滑的河堤坡，三下两下冲上了河堤顶，一阵冲刺，他用手抓住了牛的尾巴。牛往前一蹿，他摔倒了，可他没有松手。牛拖着他，并用后蹄踢他的肚子，他死死抓住牛尾，身体在泥泞中拖过，瓦片划破了他的衣服，也划破了他的膝盖。"拖吧！拖死我也不松手！"他闭着眼睛，准备它一直不停地拖下去。除了两只眼睛，他身上、脸上、头发上已满是泥巴，像是被从沼泽里拖出来的。

他身后，一道深深的凹痕越来越长……

它终于站住了。

他爬起来走到它头前嘲笑它："跑呀，你跑呀！"他一边说，一边解拴在腰里的绳子。正当他准备穿它的鼻子时，它猛然扬起锋利的犄角，只听见"嘶"的一声，他的衣服被豁破了。他感到一阵钻心的疼痛，低头一看，肚皮被豁出一道血口子。

雨暂时停住了。

他用手捂着伤口，望着远去的牛。他喜欢它的脾气。他瞧不起荡牛，也就因为荡牛容易被管束，让人欺侮，少这副脾气。血在流淌，他不管，继续追赶。被血染红的布条，在风中飘扬。

他机智地抄近路赶到牛前头，攀上一棵老树横向路中的横枝。牛过来了，过来了，他看准了一跃，准确地骑到了它的背上。牛惊得又蹦又跳，他却像膏药似的贴在它身上。他用手抓住了牛，并且一寸一寸地向它的颈上移动。当它再一次掀动屁股时，他顺势溜到它颈上，迅捷地用手抓住了牛角。它凶狠地甩着脑袋，忽左忽右，忽上忽下，要把他狠狠地摔在地上。此时他完全不懂何谓险恶，双腿紧夹它的颈，双手死拉它的角。

拼了！

有几次，他被甩了下来，但他抱住它的角，又翻到它的颈上。它蹿跳着，颠簸着，奔腾着。可是，无论怎么样也掀不掉它的主人。它开始喘息了。他腾出一只手，解下腰里的绳子，眼睛紧紧地盯着它穿在鼻子上的带眼的铜栓。

　　牛不再像以前那样凶猛了。当他把手伸出要抓住铜栓时，它猛然往上一跃，但它失败了，它的主人用双手抱住它的脖子，并用嘴咬着它的颈。它一下子垮了，双腿跪在泥泞里。

　　它顺从地让主人给它拴上了鼻子。

　　剩下的路已经不多。他疲倦至极，把牛绳死死地扣在手腕上，倒在路边一个草垛旁，合上了眼睛。他朦朦胧胧地感到天又下雨了。可他再没有力量睁开眼皮，在雨中沉沉地睡着了……

　　他醒来时，天刚发白。天空还飘着雨丝。然而使他感到奇怪的是，他身上的衣服已被体温暖干了，竟没有一点儿潮湿。他再看牛，它浑身湿漉漉的在往地上滴水。他寻看地面，除了它蹄下的四个蹄印，泥泞的地面上竟然找不出一个另外的蹄印。

　　它整整一夜以一种固定不变的姿势站在那里，用

庞大的身躯给他挡了一夜的风雨。

它的目光温暖而纯洁。

天空飘完最后一线雨丝。东方红霞万缕，原野上的一切都被染上金色或绯色。以这些光色为前导的那轮天体，终于在原野的尽头颤动着，从光影的深渊里冉冉升起。

他骑上它……

看见村子了。它在阳光下。这牛像是终于寻到了自己的家似的，"哞"地长叫一声，沿着村前的大路欢快地奔腾过去。跑到村头，他跳下了牛背。人们早看到远奔而来的牛，纷纷跑过来。仅仅只有四天，可是，他几乎让这里所有的人认不出来了：他的衣服破烂不堪，只剩下几丝布条，手上、身上到处是泥巴、伤口和血迹，他的身子瘦得只剩一副骨架，叫人害怕，他的脸瘦削，黑黑的，颧骨高高地突兀出来，只是深陷的眼睛，却比以往任何时候都亮。

他把牛绳拴在它角上，拍了拍它的头。

牛朝田野上走去。

他得赶快往家走——他要立即见到家，见到祖母。走着走着，他跑了起来……

他站住了：出什么事了？茅屋前怎么围了那么多人？

一片寂静。

他望去，只见人们一个个浑身湿漉漉的，泥迹斑斑，每张脸都黑乎乎的，像是被浓烟熏染过，使这些庄稼人那本来就粗犷的神情里又加入了几分深沉。篱笆踩倒了，到处是水桶，被水弄得泥泞的地面烙下无数混乱的脚印。这里显然发生过大事，有过喊声震天的抢救，有过很壮观的激战。

这孩子对于一切可能发生的灾难皆无惧怕，却被眼前的场景感动着。

人群闪开了：祖母颤巍巍地守在门口，双手拄着拐棍，眼睛正对着前面的大路。

"孙子回来了！"有人轻声对她说。

她丢下拐棍，用两只伸不直的骨节嶙峋的手向前

摸索着。她被地上的水桶绊倒了。

他连忙跑上去扶住她："奶奶！"

她抱住他，用哆哆嗦嗦的手在他身上、脸上到处摸索着："火星迸到干柴上……乡亲们……救下了……"

他回过头，望着安然无恙的茅屋，望着这些始终给予他和祖母援助的善良、舍己的庄稼人，感激的泪水顺鼻梁而下。

"我把海牛引回来了。"他说，"是一头好海牛。"

海牛

童话。

仙女的海滩

| 安武林 |

有一个小仙女，她住在幽静的山谷里。

幽静的山谷里开满了芬芳的兰花。连山谷里的风也是香香的。

每个春天的早晨，太阳还没有升起的时候，小仙女就起来了。她穿着一袭白衫，在绿色的山谷里走来走去。

她是在采集草叶上的露珠。

她在铺满青草的小路上行走，睡了一夜的兰花就被她唤醒了。

她在山里走了一路，白色的兰花就在她身后开了

一路。

　　每年，小仙女都要到海边去一次。

　　日出之前，她来到海边，把采自山谷的露珠轻轻地撒到大海里。

　　当她把最后一颗露珠放进海水中的时候，大海会用朝霞把她的白衣服染成最漂亮的颜色。

　　这是小仙女最喜欢的颜色。小仙女也变成了最漂亮的仙女。她在海边上跑啊，跳啊，开心地笑……

　　她的笑声溶到海水里，海也开心地笑了。

　　大海激荡着，咆哮着，层层叠叠的浪花向海滩漫来。

　　小仙女的衣衫，被海风吹得啪啪作响，就像一面小小的旗帜。这面旗帜在沙滩上跳跃，把沙滩上的一切都唤醒了。

一只寄居蟹爬到了沙滩上，他是从温暖的贝壳房子里爬出来的。

一只海龟爬到了沙滩上，他是从大海深处的昏暗里爬出来的。

一粒饱满的树籽落到沙滩上，它是从大树枝头的颤抖里落下来的。

沙滩上，那面小小的旗帜还在跳跃着，跳跃着……
那像是一个召唤！

寄居蟹朝着那个召唤爬过去，一刻也不停下来。

海龟朝着那个召唤爬过去，一刻也不停下来。

树籽朝着那个召唤滚过去，一刻也不停下来。

当他们到达的时候，小仙女已经离开了。

只有一片红霞，在海的深处燃烧。

沙滩上，留下了一串深深的脚窝。

寄居蟹来了。他想："这是最温暖的家了，我要住在这里。"

他躺进小窝里，然后用沙子把自己埋了进去。

大海龟来了。他想："这是最美丽的家了，我要住在这里。"

他把窝挖得更大，住了进去。他的身子下面，是那只小小的寄居蟹。

树籽也来了。他想："这是最舒服的家了，我一定要住在这里。"

他把自己裹进沙子里，睡去了。他的身子下面，是那只笨拙的大海龟。

他们都在这里等待着。等小仙女。等那面小小的旗帜，再一次把他们唤醒。

他们听着海潮睡着了。

整整一个冬天，他们都在做着甜蜜的梦。

春天又一次来了。

小仙女又一次把露珠撒进大海。她又一次穿上了漂亮的衣服。

她奔跑。她跳跃。她的衣服像一面旗帜。

沙滩上的一切都被重新唤醒了……

突然，她看见沙滩上有一棵小树。小树正一点一点地向她走来。

她惊奇极了：有会走路的小树吗？

这时候，她又看见了那只海龟。她又看见了那只小小的寄居蟹。

　　小仙女笑了。她向小树伸出手来。她向海龟伸出手来。她向寄居蟹伸出手来……

　　但是，经历了太长的等待——

　　树枯萎了。大海龟倒下了。小寄居蟹干瘪了，裂成了碎片……

　　小仙女的眼睛里充满了悲伤和泪水，她已经从他们的脚步声中听懂了所有的秘密……

　　在那个寂静的山谷里，兰花依然在开。

　　每个春天的早晨，太阳还没有升起的时候，穿着白衫的小仙女轻轻地在绿色的山谷里走来走去。

　　她是在采集草叶上的露珠。

　　她在铺满青草的小路上行走，睡了一夜的兰花就被她唤醒了。

　　她在山里走了一路，兰花就在她身后开了一路。那些兰花，有着像朝霞一样的颜色。

仙女的海滩

大海妈妈和她的孩子们

| 金 涛 |

① 大海妈妈和太阳公公

一个风平浪静的早晨……

东方刚刚露出鱼肚白的曙光，大海妈妈就从睡梦中醒来了。

她满面笑容，低声地哼着优美动听的歌曲，对着和煦的海风梳着她那柔软的长发，一面不时抬起头来向天空和遥远的海岸眺望。

大海妈妈的胸膛微微起伏着，海面掀起了层层波浪，雪白的浪花好像大海妈妈裙子上镶着的美丽的花边。一群洁白的海鸥在她身旁不停地上下飞舞，发出阵阵欢快的笑声，仿佛它们也懂得大海妈妈的心思似的。

不一会儿，脸庞通红通红的太阳公公伸了个懒腰，睁开了惺忪的睡眼，朝大海妈妈家的窗口探进半个脑袋。他见大海妈妈面带喜色，不觉有些诧异，便笑嘻嘻地问道："老嫂子，今早有什么大喜事，高兴得嘴都合不拢啦？昨天晚上你可是大发脾气，许多船都让你吓得躲进了海港，不敢出海啦。"说罢，太阳公公爽朗地大笑起来。

大海妈妈被太阳公公几句话说得满脸通红。她知道自己的脾气时好时坏。当她发脾气的时候，她那阴沉沉的脸色可够吓人的，那阵阵惊涛骇浪，猛烈冲击岸边的岩石，把航行的船只像小木片似的抛来抛去，甚至还会把它们掀翻到海底去。不过大海妈妈并不老是那样，在风平浪静的日子里，她敞开自己的胸怀，欢迎人们驾驶着船只自由来往，不但如此，她还慷慨地供给人类取之不尽的渔产资源。人类在长期的航海实践中摸透了大海妈妈的脾气，不断改进船舶的性能，

发明了先进的导航设备和航海仪器，终于取得了航行的自由。现在大海妈妈听见太阳公公的声音，便抬起眼睛向窗口望去。她美丽的脸庞被朝霞映得红彤彤的，全身上下像是披上了五彩缤纷的丝绸，显得更加美丽，更加神采飞扬了。她眯着眼睛，笑眯眯地对太阳公公说："今天是我们家的节日，我的孩子们全都要回来，我能不高兴吗？"

"哎呀，这可是大喜事呀！"太阳公公一听见这个好消息，也高兴得合不拢嘴，连忙瓮声瓮气地说："你家这么多孩子都回来看你，一家大团圆，可不容易呀！"

"可不是嘛，我早就给孩子们一个个发了电报，叫他们今天都回来过节，就是不知道他们能不能按时赶回来。"大海妈妈说罢，轻轻地叹了口气，海面上顿时掀起一层白花花的浪头，向岸边扑去。

大海妈妈十分想念她的孩子们。她的儿女全都分散在地球的四面八方，有的一生下来就离开了她，多年没有机会再见一面。孩子们在外面生活得怎么样，习惯不习惯陆地上的气候，做母亲的时时刻刻挂在心上。大海妈妈还听太阳公公、月亮姑娘和大风叔叔说过，在地球的南、北极和许多高山的顶上，她的孩子在严寒的气候里生活，全都冻成了冰块。一想起这些事情，大海妈妈恨不得马上到孩子们那儿去看望看望，可是她没法离开她的家园，只好眼巴巴等着孩子们早一天回到她的怀抱里，自己好仔仔细细问个明白。

太阳公公一蹿老高，跳到了东方地平线上，开始了一天的工作。他老人家睁开双眼，四下眺望。他看见，在中国的大地上，一派热气腾腾的景象：北京宽阔的长安街上，车辆来往不息，成千成万的工人、干部正在走向他们的工作岗位；上海黄浦江畔，学生们背着书包匆匆地往学校跑去；珠江三角洲，拖拉机轰隆隆地在广阔的田野上奔驰；东海渔场，千帆竞发，鱼汛大忙季节开始了……看到这些，太阳公公满意地笑了，他大声地对大海妈妈喊道："老嫂子，你就放心吧，我瞅见你家的大河、小溪都在不停地赶路哩。他们从老远老远的高山上流下来，冲出了深山峡谷，穿过了广阔的平原，走得可快哩，说不定马上就要到家啦！"

"真的？"大海妈妈脸上乐得像开了花，忙说，"太阳公公，麻烦您老人家催他们走快一点儿。"

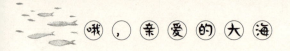

太阳公公摸着自己金黄色的胡须，一面向天空走去，一面笑哈哈地说："不要着急，不要着急，我还要检查检查你的孩子们，看看他们到底工作得怎么样。晚上等我收了工，我还要来看看他们哩！"

"那太欢迎了。孩子们来信老是念叨您老人家，他们都说是您帮助他们离开了家，到世界各地去旅行，学会了为人类服务的本领，增长了见识，扩大了眼界。要是没有您老人家帮忙，他们这会儿还不是待在家里，啥出息也没有……"

太阳公公听了大海妈妈的话哈哈大笑起来，对大海妈妈说道："当初我让你的孩子出门，离开你到陆地上去旅行，长长见识，你还不乐意哩，就是舍不得。要不是我用强烈的光线把你晒热，把你的孩子们变成水蒸气，然后请大风叔叔把他们赶快带走，恐怕你还拽住他们不放哩！"

"唉，您老人家老提这些干啥呀，我现在不是每年都把孩子们送走，让他们到陆地上去旅行吗！"大海妈妈嗔怪地对太阳公公说。

她有些埋怨太阳公公不体谅她做母亲的心情，要知道，她心里是多么记挂儿女们的命运啊！每年太阳公公和大风叔叔都要从她的怀抱里带走将近十万立方千米的儿女，让他们变成水蒸气，飞上高高的天空，化为变幻莫测的云朵，然后开始一番不同寻常的旅行生活。虽然有的儿女会很快地变成雨水，重新回到她的怀抱，但这仅仅是一小部分。还有许多孩子被大风叔叔送到很远很远的陆地上。听说那些地方有高山、平原、森林、沙漠，甭说孩子们究竟是怎样生活的，就连他们变成什么模样，她也一点都不知道了。

大海妈妈想到这里，忍不住又一次央告太阳公公："劳驾您见到我的孩子，叫他们快点儿回来。"

"知道了——"太阳公公点头答应，又向天空升起了一大截。这时候，冷不防从太阳公公背后伸出一双小手把他的眼睛蒙住了。太阳公公什么也看不见，急得直跺脚，连声说道："这是哪个小调皮鬼……"

太阳公公的话还没有说完，全身上下就被漆黑一团的云朵遮住了。原来这是大海妈妈的女儿——乌云姑娘从天外飞来，用她的黑裙子把太阳公公严严实实地遮盖了起来。

乌云姑娘从小娇生惯养，天不怕地不怕。她一面

捉弄太阳公公，一面调皮地咯咯笑着。太阳公公急得满头大汗，连声说："好了，好了，不要开玩笑了，我还有好多事情忙着哩！"

乌云姑娘毫不理会，好像没有听见似的把太阳公公的眼睛蒙得更紧了。她在天空中跳起舞来，身上穿的黑裙子飞旋着，遮住了大半个天空。这时候，大风叔叔也赶来凑热闹，和乌云姑娘手拉着手，跳起飞旋的舞蹈。一时间，风声大作，乌云翻滚。

大海妈妈忽然觉得天色变得晦暗起来。她好生纳闷儿，刚才还是晴朗朗的天空怎么突然变得阴沉沉的，像是要下雨的样子。她抬头朝天顶望去，原来是她那淘气的小女儿正在和太阳公公捉迷藏哩，还把老人家弄得昏头涨脑。大海妈妈急忙大声喝道："乌云，你这个淘气鬼，还不赶快回来！"

大海妈妈的这句话可真灵。顷刻之间，一场暴雨从天而降。乌云姑娘驾着大风，带着闪电，从几千米的高空笔直地冲向大海妈妈的怀抱。她一边跑，一边撒娇地叫嚷道："妈妈，我最听您的话，我是第一个回家来的，对吗？"

② 乌云姑娘的经历

雨过天晴……

太阳公公气恼地拨开乌云姑娘的黑裙子，见她化成一阵暴雨，从天空掠过，跑回家去了，不禁长长地舒了一口气。他嘟嘟囔囔地说："这个死丫头，老是这样调皮捣蛋！"他一看时间不早了，顾不上多说话，便继续忙着干自己的活儿去了。

大海妈妈刚刚换上的一套新衣裳，被女儿带来的一阵狂风暴雨淋得透湿，心里老大不高兴。她一面对着太阳公公射来的阳光，把湿衣裳换下来晾干，一面嗔怒地责备女儿道："你呀，都这么大了，还是这样调皮，尽让妈妈操心！"

乌云姑娘脱下湿漉漉的黑裙子，把整个身子浸在大海妈妈的怀里洗澡，她那红扑扑的脸蛋上挂满了水珠。听见大海妈妈的责备，她把脑袋一歪，小嘴噘得老高老高的。

"我怎么啦？"她对大海妈妈嚷道，"您也不调查调查，就乱批评人，这能怪我吗？"大海妈妈爱怜地瞅了她一眼，不由地皱起眉头，叹了口气。她知道，

在她许许多多的儿女中，唯独这个女儿被从小惯坏了，脾气暴躁任性，完全像个愣头愣脑的小伙子。当然，她手脚勤快，每年干的活儿并不少，光是把她的兄弟姐妹送到陆地上去，她出的力气就最大。可是，她生来性子特别急，往往不考虑陆地上需要不需要，就把她的许许多多兄弟姐妹一股脑儿从半空里扔下去，结果好事变成了坏事，陆地上有些地方暴雨成灾，江河上涨，安全受到威胁。有的年头，她一连几个月待在一个地方，暴雨没完没了地下个不停，以致河堤溃决，洪水淹没了城市和村庄，淹没了大片大片的土地，造成了许多人死亡，许多人无家可归。

想到这里，大海妈妈的心里觉得很不安，于是她和颜悦色地开导女儿说："孩子，不是妈妈责备你，我们一家都是人类的好朋友，多少年来我们为人类服务，做过数也数不清的好事。虽说你一年四季为人类运去了许多雨水，功劳不小，可是你就不能改改你那急性子，把事情办得更好一点儿吗？"

"妈妈——"乌云姑娘打断了大海妈妈的话，这时候她已沐浴完毕，穿上了一件透明的薄纱裙，变得和她妈妈一样漂亮了。她拉着妈妈的手，依偎在妈妈的怀里，娇声娇气地说："妈，您老是待在家里，大门不出，根本不了解天空的情况。您以为降雨多少，能不能降雨，完全是由我自己决定的吗？"

大海妈妈听女儿这样说，倒有些糊涂了。不过，她依然不相信女儿的话，责备地说："你又要为自己的过错找借口了，不怪你还能怪谁？"

乌云姑娘生气地把头扭到一边，噘着小嘴低头不语。

大海妈妈见女儿真的动了气，连忙拽了乌云姑娘一把，嗔怪地说："死丫头，就喜欢耍小脾气。那你说说吧，如果不是你的错，妈妈向你赔不是；要是你有半句假话，妈妈今天可不饶你。"

乌云姑娘扑哧一笑，回过头说："妈，这可是您说的。"

"还装模作样干啥，快说吧。"大海妈妈不耐烦地催促说。

"好吧，我这就说。"乌云姑娘清了清嗓子，像是在大庭广众之下演讲似的，对大海妈妈讲起自己的经历。

"人们常说，天上无云不下雨。这话当然不错。不过，光有我还是不够的，还要有许许多多条件配合起来，才能形成降雨。所以我一个人不能独占这份功劳。

"当太阳公公把我们许多兄弟姐妹从妈妈的怀抱里，从大江哥哥、湖泊姐姐以及土壤、植物的表面蒸发出来以后，我们这些水就由液体变成了轻飘飘的水蒸气。我们轻极了，上升的气流和大风叔叔托着我们，推着我们往天上飞，把我们带到离地面很高很高的空中。这时候，我们发觉周围的空气愈来愈冷，大家冻得受不了，互相搂在一起，靠得更紧了。空气大约每上升一百米温度下降零点六摄氏度。当我们飞到一定的高度时，我们冷得再也受不了了，便摇身一变，成了一个一个的小水滴，比针尖还要小。如果这时温度下降到零摄氏度，我们还会凝结成细小的冰晶。在这些小冰晶上面，还带有薄薄一层没有凝固的水。我们一起手拉着手，浮在空中，随风飘荡，这时候，人们就把我们叫作云。

"不过，如果空气中没有凝结核的话，我们要凝结成水滴或冰晶都非常困难，那就更谈不上形成云了……"

"凝——结——核？"大海妈妈头一回听见这个新名词，忙问，"这是什么东西呀？"

乌云姑娘回答道："凝结核是飘浮在空中的固体微粒，比如工厂的烟囱里排出来的烟尘、火山爆发时喷出来的火山灰、各种细小的尘埃、雷雨时闪电过后留下的氮氧化物，对了，还有您送来的小盐粒……"

"怎么，还有我的事儿？"大海妈妈惊讶极了。

乌云姑娘笑着说："可不是吗！大风叔叔经常把您身上的盐分刮到空中，那些小盐粒也是很好的凝结核呀！"

乌云姑娘越说越兴奋，接着说："妈，您别小看那些小灰尘，它们对形成降水作用可不小。有一回，大约是1883年，喀拉喀托火山爆发，它喷出的火山灰，足足可以供给全世界下一千天雨所需要的凝结核哩！"

大海妈妈点点头，说："哦，这么说来，你们从天空降下来还是挺容易、挺方便的嘛！"

"不，不，"乌云姑娘摇摇头，"没有那么简单。虽然我们变成了小水滴，或者是小冰晶，但是我们的体积太小太小，用肉眼都看不见。由于我们的身体太

轻了，上升的空气把我们托住，老是不让我们落到地面上来，所以有时候，您会看见我们在天空中飘来飘去。我们虽然听见您在喊我们回来，可是我们实在没有办法落下来……"

"那可怎么办呢？"大海妈妈焦急地询问。

"这时候就得靠太阳公公、大风叔叔和陆地上的高山爷爷帮忙了，"乌云姑娘神秘地向大海妈妈低声耳语，"最重要的就是要把我们变大变重，使得空气举不动我们，这样才能使我们降落下来。"

"怎样才能变大变重呢？"大海妈妈惊奇地问道。

"一种办法是太阳公公把地面晒得热热的，使接近地面的空气受热后急剧增温，产生猛烈的上升运动，把我们送到更高的地方。我们在气流的旋涡里面来回打滚、翻跟头，互相碰撞、合并，大姐姐拉着无数的小妹妹，就像滚雪球一样越滚越大。最后空气使劲想托住我们也托不住了，我们就降落到地面上来了。

"还有一种办法是靠大风叔叔帮忙，把冷空气和暖空气吹到一块儿。例如暖空气在前进时，突然遇到一团冷空气挡在前面，由于暖空气比较轻，冷空气比较重，暖空气就会沿着冷空气的表面向上升，这么一来暖空气便会冷却起来。这时候，我就可以大显身手，形成很厚很厚的云层，同时产生降雨。如果是冷空气在前进时，遇到一团暖空气挡在它的前面，比较重的冷空气也会钻到暖空气的下面，把暖空气抬起来迫使它上升。这时我又出现了，天空中会出现浓密的云层，并且带来大量的降水。

"同样的道理，我们随着空气被大风叔叔推着前进时，如果遇着高山、丘陵和高原在前面挡路，我们也会像登山运动员一样往山顶上爬，随着温度下降，山脉的迎风坡就会下起雨来。可是等我们翻过高山，向山脉的另一面俯冲下去时，由于下降时温度增高，不仅不会降雨，反而会形成一股干旱的热风，把山坡上的水分都给吸走。所以在高山的两面，迎风坡和背风坡，别看距离差不了多远，气候可大不一样。"

说到这里，乌云姑娘眨着一双又黑又亮的大眼睛，理直气壮地问大海妈妈："妈妈，您说说看，这降雨的事能完全怪我吗？"

大海妈妈半天没有吭声，她还是第一次听到女儿讲述她在天空中从水蒸气变成雨滴的过程，没想到经历竟是这样艰难曲折。她用爱怜的目光望着女儿，不

禁心疼地说："没想到你小小年纪在天上受这么多的折磨，要不往后你就别去了，待在我的身边多好……"

"那可不成！"乌云姑娘听妈妈说出这样糊涂的话，连忙用手捂住妈妈的嘴，不让妈妈再往下说。她为了让妈妈放心，便讲了沿途耳闻目睹的许多新鲜事儿，让妈妈高兴。

当她讲到地球上有一种地方叫作沙漠，那里一望无际，全是光秃秃的黄沙，沙子堆成山那样高，像波浪一样连绵起伏时，她对大海妈妈说："妈，我跑了那么多的地方，从来还没有见过那么荒凉、那么干燥的地方呢。那里一年四季很少下雨，由于缺少水，植物也很少很少……"

大海妈妈好生奇怪，便问女儿："那你为什么不做做好事，给那个沙漠多下点儿雨呢？"

乌云姑娘忍不住扑哧一笑，她说："妈，您以为我跟您不一个心思吗？我恨不得把好多好多兄弟姐妹全都送到沙漠去，让那里长出绿油油的庄稼，长满齐刷刷的森林。可是真难哪，那些沙漠地区大部分都在离我们家很远很远的陆地中心。有的离我们家虽然不算太远，可是大风叔叔从来不愿意带我们兄弟姐妹往那里去，所以我们即使有天大的本事，也没有办法，我们根本去不了那儿。"

　　说到这儿，乌云姑娘悄悄地告诉大海妈妈一桩新鲜事："有一回，不知是大风叔叔突然一时高兴，还是怎么回事，把我送到了沙漠的上空。这时候沙漠里又瘦又黄的小草们一个个全都仰着脖子，用微弱的声音向空中喊道：'乌云姑娘，快来救救我们吧，我们都要渴死啦！'我听见他们那样苦苦哀求，心里甭提有多难受了。我就对大风叔叔说：'请您帮个忙，把我再升高一点儿，我再冷却冷却，就可以下场大雨了。'大风叔叔听我这么说，不禁哈哈大笑。他告诉我，沙漠是他最喜欢玩的地方，他一年三百六十五天都待在这里，雨下得越少对他越有利。所以他劝我还是少管闲事，赶快回家，用不着在这儿白费功夫了。

　　"我听他这么说，犹豫起来，不过我听见从沙漠上传来小草们一阵阵微弱的喊声，便不顾一切地发起脾气来了。我在空中翻滚起来，又是打雷，又是闪电，使尽了浑身力气，把所有的兄弟姐妹全都变成水滴和冰晶，把他们统统降到沙漠里面去了。我气鼓鼓地瞪了大风叔叔一眼，心里暗暗地说：'哼，没有你，我

也照样行，你没啥了不起。'

"大风叔叔仿佛看出了我的心思，他两手一伸，耸耸肩膀，无可奈何地向我解释说：'乌云姑娘，你可别生大叔的气，我不是不愿意帮忙，我实话告诉你，你就是费半天劲也没有用……'

"我听他还这样为自己的行为辩护，气不打一处来，脸红脖子粗地质问道：'算啦，你甭解释了，我没用你帮忙，不是也下了一场雨吗？！'

"我刚说到这儿，忽然听见脚底下乱糟糟地嚷开了，只见我的小弟弟、小妹妹全都一个个又变成水蒸气从半空里飞过来，回到我的身边来了。他们热得满头大汗，连声说：'姐姐，姐姐，我们实在没法往下落，下面热得受不了，我们还没有降到沙漠上，沙漠上空的热空气就又把我们全都蒸发上来了……'

"我一瞧，可不是吗，弟弟妹妹全都从底下飞回来了。沙漠上依然是太阳公公和大风叔叔统治的世界，他们俩真够坏的，一个把地皮晒得滚烫滚烫，另一个把黄沙吹得天昏地暗。大风叔叔见我没注意，还往我眼睛里扔了一把沙子，吓得我赶快从那儿跑回来了。妈妈，我的眼睛到今天还疼着哩。"

乌云姑娘说完，在大海妈妈的怀里撒开了娇。大海妈妈抚摸着女儿的脸蛋，对她说："大风叔叔跟你开玩笑呐，哪能故意往你眼睛里扔沙子。"

乌云姑娘噘着小嘴，说："妈，您还为大风叔叔开脱呢，他最坏了。"

"死丫头，那你干吗刚才又跟大风叔叔在天空里跳舞，把太阳公公的眼睛都蒙住了！"大海妈妈轻轻地用手拍了一下女儿的肩膀。

乌云姑娘从妈妈的怀里翻身坐起，撩开额前散乱的头发，辩白说："妈，我说您别不调查调查就乱批评人嘛，那根本不关我的事！"

"啊，又不关你的事，"大海妈妈望着女儿倔强的面容，心里老大不高兴，训斥道，"这可是我亲眼看见的，你还能抵赖？"

乌云姑娘见妈妈真的动了气，觉得这件事情单凭自己一张嘴是没有办法说清楚的，便按捺下满腹委屈，不再开口。她怏怏地说："好吧，反正我说出来您也不信，等一会儿您自己去问问大风叔叔吧！"

大海妈妈见女儿话中有话，正打算追问，忽然听见一阵惊天动地的哗啦声从门外传来。这声音是多么

熟悉啊！大海妈妈猛地站了起来，欣喜地迎上前去。

乌云姑娘也兴奋地跳起来，大声地喊道："哥哥——"

③ 大江哥哥和湖泊姑娘

大海妈妈的家里顿时热闹非凡，回荡着年轻人欢快的笑声、打闹声和问候声。原来大海妈妈的儿子们全都风尘仆仆地从亚洲、欧洲、非洲、大洋洲、北美洲、南美洲回到了家。

他们为什么会同时赶到这里呢？原来大江哥哥接到母亲的电报以后，昼夜不停地向家的方向奔波。一路上，他把这个消息告诉了小河、小溪、泉水、地下水、湖泊以及他所遇到的兄弟姐妹们，他们和他汇合在一起，变成一股浩浩荡荡的洪流。他们一路唱呀，笑呀，穿过了高山峡谷，越过了崇山峻岭，经过无数美丽的城市和村庄，队伍愈来愈壮大。最后，当他们穿过辽阔的大平原，冲出河流三角洲时，他们日夜思念的家——蔚蓝色的、辽阔的海洋就展现在眼前了。

他们回到大海妈妈的怀抱里甭提有多高兴了。那些长年累月在深山幽谷里潺潺流淌的山泉和溪流，突然感到心胸开朗，天地也显得更加开阔了。那些在陆地上显得很是开阔的湖泊，一回到妈妈身边，才发觉自己是多么渺小。他们高兴地在大海妈妈的怀抱里打滚、翻腾，叽叽喳喳、哇啦哇啦地说个不停。

大海妈妈见到了许许多多分别多年的儿女，心中说不出的高兴。她笑得合不拢嘴，把孩子们紧紧地搂在怀里，挨着个儿地亲他们，问这问那，忙得不亦乐乎。

乌云姑娘像喜鹊一样，叽叽喳喳说个不停。她一会儿拉着大江哥哥的手，央求他讲个有趣的故事，一会儿又贴在地下水哥哥的耳朵旁边，向他打听地底下的秘密。

屋子里乱糟糟的，谁也听不清谁的声音。

最后还是大海妈妈让大家安静下来，她满面笑容地说道："孩子们，你们离开家乡已经好久了，妈妈非常想念你们。想当初妈妈送你们到陆地上去，为的是要让你们学会为人类服务的本领。这些年来你们究竟干得怎么样，这是妈妈最关心的事情。听说你们现

在工作都很忙，有的还要连夜赶回去，妈妈虽然舍不得你们，但是也决不扯你们的后腿。你们就抓紧时谈谈各自的工作吧……"

听到大海妈妈的开场白，孩子们你瞧着我，我瞧着你，互相推让。

乌云姑娘贴着大海妈妈的耳边，小声地说："妈，还有好些兄弟姐妹没有到呢，要不要再等一会儿？"

大海妈妈沉吟片刻，说道："这样吧，你腿脚利索，出去跑一趟，催一催他们。我们先聊着。"

乌云姑娘点点头，转身从窗户飞了出去，一眨眼工夫，就无影无踪了。

"那我就先谈谈。"大江哥哥开了腔。他是个又长又瘦的高个子，说起话来声音洪亮。

"关于我的情况，大家都知道得很多。因为我和人类的生活联系实在太密切了。世界上的古老民族，几乎都是在我所流过的地方发源孕育的，像中华民族起源于黄河流域，古代的埃及人在尼罗河三角洲创造了灿烂的文明，巴比伦人在幼发拉底河和底格里斯河构成的两河流域、印度人在恒河流域，也都创造了具有自己独特风格的文明。俄罗斯人把伏尔加河称为'俄罗斯的母亲河'，美国人把密西西比河叫作慈爱可亲的'老人河'……所有这些都说明，我们大江对人类的生活和社会发展贡献不小。"

大江哥哥说到这里，不知是谁低声地哼起一首歌来，歌声是那样雄壮高昂，大家不知不觉也跟着一块儿唱了起来，声音愈来愈嘹亮，渐渐地整个大厅都回荡着优美动听的歌声：

啊！黄河！
你是我们民族的摇篮，
五千年的古国文化
从你这儿发源，
多少英雄的故事
在你的身边扮演！

啊！黄河！
你是伟大坚强！
像一个巨人
出现在亚洲平原之上，

用你那英雄的体魄

筑成我们民族的屏障。

啊！黄河！

你一泻万丈，

浩浩荡荡，

向南北两岸

伸出千万条铁的臂膀。

我们民族的伟大精神，

将要在你的哺育下

发扬滋长！

我们祖国的英雄儿女，

将要学习你的榜样，

像你一样的伟大坚强！

像你一样的伟大坚强！

　　大海妈妈出神地聆听着，她渐渐听懂了歌词的含意，这不就是《黄河大合唱》中的"黄河颂"吗？她正想问个明白，这时候不知又是谁用低沉缓慢的男低音，唱起了美国著名的民歌《老人河》，歌声悲凉委婉，如泣如诉，深深地打动了大海妈妈。

老人河啊，老人河！

你知道一切，

但总是沉默，

你滚滚奔流，

你总是不停地流过。

你不种番薯，

也不种棉花，

那耕种的人，

早被人遗忘，

但老人河呀，

却总是不停地流过。

……

大江哥哥见大家都忘情地唱起歌颂江河的歌曲，羞得满脸通红，连忙摆手，让大家停住。

"干吗不让唱呀？"湖泊姑娘问道。

大江哥哥憨厚地笑了笑，说道："你们再这样唱，

我可不好意思讲下去了。今天是妈妈要我们汇报自己这些日子为人类做了哪些事情，可不是让我们自吹自擂。"说到这儿，他望着大海妈妈，说道，"其实我做的事情很少很少，大家这么一唱，我心里可有点发毛……"

"嘿，实事求是嘛！有一分成绩就说一分，不要夸大。自己哪些地方做得不够的，也不要隐瞒，吸取教训，改正缺点，这就挺好嘛！"大海妈妈鼓励他说。

"好吧，那我就随便谈谈，想到什么说什么。"大江哥哥点点头，继续谈起自己的情况，"我们大家都知道，人类一时一刻都不能离开我们。没有水就没有生命，没有水人类就不能生存。我们在全世界各个地方不停地奔流，每年要把好多好多水，从陆地上运到妈妈这里来。所以从人类诞生的那天起，我们就是人类日常生活和农业灌溉的主要水源。近代工业生产更需要大量的水，比如造纸、造汽车等。除了地下水弟弟供给他们一部分以外，我也是重要的水源。

"世界上许多美丽的城市，都喜欢选择在我的身边建设，这不是没有原因的。就拿中国的许多大城市来说，北京在永定河附近，上海在黄浦江畔，南京、武汉、重庆等城市沿着长江分布，西安在渭河附近，哈尔滨在松花江边，广州在秀丽的珠江旁，福州有闽江，长沙有湘江，杭州有钱塘江，南宁有邕江，南昌有赣江，兰州、郑州、济南分布在黄河一带……真是数也数不清。这固然一方面是因为城市需要大量生活用水，另外在现代化的交通工具如飞机、火车、汽车没有发明之前，我们是人类最方便的交通大道。我们沟通各地的物资交流，输送前往各地的旅客，传播文化的种子，成为联系各地的纽带。就在今天，我们仍然是地球上最便宜的交通运输大动脉。每天不知有多少船只在我们身上通过，为人类带来极大的方便。"

说到这里，大江哥哥看看坐在他周围的小河弟弟和小溪妹妹，对他们说："这里也有你们的一份功劳。"

大海妈妈满意地笑了，她说："我知道你们的工作做得很出色。难怪人类写了很多很多的诗歌，歌颂你们的功绩，对吧？"

大江哥哥听见妈妈的夸奖，腼腆地低着头，喃喃地说："这是我们应该做的，实际上我们的工作做得很不够。在有的时候，我们发起脾气来也是蛮不讲理的。我们冲毁人们辛辛苦苦修成的水库，冲决几千米长的

防洪大堤，把人们的田地淹没，把村庄毁掉，给人类带来很大的灾难。"

"我知道，"大海妈妈的脸色变得严峻起来，"这都是你妹妹——乌云姑娘干的好事。"她转过脸四下张望，打算质问那个性情暴躁、放任不羁的女儿。这时坐在一旁的湖泊姑娘低声告诉她，乌云姐姐刚才出门探寻别的兄弟姐妹去了，大海妈妈这才罢休。

大江哥哥见妈妈满脸怒容，便对她说："妈，这也不能完全怪妹妹，我也有责任。另外，我经过这些年到各地看看，我倒觉得水灾并不能完全怪我们兄弟姐妹，人类自己也要负很大的责任。"

听见儿子说出这番话，大海妈妈的眼里露出惊讶的神情，不过她知道大江这孩子一向是老老实实、勤勤恳恳的，不会耍嘴弄舌，文过饰非，便问道："你这话是真的？"

"是真的，"大江哥哥点点头，对妈妈说，"我说过，我是负责任的。但有些事情是我们的本性决定的，我们无法避免。"

他继续说："您知道，我身体里面的水，绝大部分都是天空里的兄弟姐妹降落下来，变成雨、雪源源不断地供给我的。地下水弟弟也慷慨地加入我的行列。住在高山上的湖泊妹妹有时是我的上游源泉。高山顶上的冰川哥哥在夏季天暖时，也补充大量的水给我。

"由于我从很高的山上往低处流动，我浑身就有使不完的劲。有人计算过，地球上所有的河流一年所做的功，相当于把五千吨重的物体提高到六十亿千米的高度。这样巨大的力量使我对地球表面产生了令人难以想象的破坏作用。

"我的这种破坏作用在地势陡峭的深山峡谷里表现得最明显。人们常常可以看到，在山洪暴发时，我们奔腾咆哮，横冲直撞，简直像疯狂的野兽一样。我们向前冲去，把一切阻挡我们前进的岩石的碎屑、卵石，甚至巨大的石块全卷起来，让它们之间互相摩擦，互相碰撞。如果我们的速度慢的话，我们只能搬动淤泥和黏土；如果速度加快一点，就可以搬动细小的砂粒；如果速度再加快一点，各种小石块我们都能够搬动；倘若速度够快，一千五百千克的大石头，我们也能不费吹灰之力，轻而易举地把它推走。

"不仅是我，弟弟妹妹们也不示弱。小河弟弟、小溪弟弟，甚至连雨水刚刚落地形成的涓涓细流全部

参与了这一项破坏地球表面的浩大工程。我们从来不怕麻烦，也从不偷懒，一年四季不停地工作。所以不要看我们表面上是软绵绵的，实际上我们都长了铁嘴钢牙，不管是多么坚硬的岩石，我们都能够把它啃动，把它咬得千疮百孔、面目全非。

"我们可以把高峻的山岭削平，切成一道道深深的峡谷；我们也可以把一块块舒展的高原噬啮得沟壑纵横，造成大量的水土流失。尤其是那些结构松散、质地不大坚硬的岩层和上层，像中国的黄土高原，我们更可以肆无忌惮地把它破坏得岩石裸露、表土流失。人类辛勤开垦的农田，被我们侵蚀得像被蚕儿啃过的桑叶一样。这还不算，我们还能溶解许多许多的物质，使它们变成我们身体里面的组成部分。在我的身体内，就包含有氧气、二氧化碳以及氢、氟、氯等气体；我还溶解了大量的矿物质，如钾、钠、镁、铁、锰等金属的硫酸盐、碳酸盐、酸式碳酸盐、硝酸盐及氯化物；还有氧化铁、二氧化硅以及有机高分子化合物的胶体。

"当我挟带着大量的砾石沙粒时，我就如同安上了无数锐利无比的牙齿一样，可以掏空河底，侵蚀河岸，冲毁堤坝，使河岸整块整块地塌方。但是我有个致命的弱点，一旦我冲出高山峡谷，来到地势平坦的大平原上，我行走的速度便会急剧变慢。这时，我筋疲力尽，再也带不动许多沉重的沙粒石块。我一边朝前走，一边把这些累赘的包袱随手丢下来。我先丢下分量太重的大石头，然后再丢掉比较轻的卵石和小石块，再往下游，我实在没有一点儿力气了，我走得很慢很慢，那些细小的泥沙也被我丢下来了。这样，我就把从上游带来的卵石、泥沙，全部搬运到中游和下游，使它们堆积起来，不断垫高河床，淤塞河道，使河床中间逐渐形成沙洲和泥滩，在河口形成面积广大的三角洲。中国境内的黄河就是世界上含泥沙量最大的河流之一。古时候的人说它'水一石，泥六个'，这种说法虽然有点儿夸张，不过黄河的泥沙含量的确是很惊人的。一年里面，黄河所带走的泥沙，大约有十六亿吨。美国最大的密西西比河每年搬运的淤泥、黏土、矿物质碎屑以及岩石砾也有五亿吨左右，这些泥沙砾石和矿物质全部沉积在墨西哥湾，形成了面积不断扩大的三角洲⋯⋯"

大海妈妈听到这里，恍然大悟地对大江哥哥说："原来是这样，你们把乱七八糟的臭泥烂沙全冲到我的家

门口来了。"

大家一听，全都哈哈大笑起来。

大江哥哥笑着说："妈妈，这也是没有办法的事，因为您老人家这里是地球上最低的地方。俗话说'水往低处流'，我们不往您这儿流还能上哪儿去呢？"

"那是当然，"大海妈妈点点头，"刚才你说造成水灾和水土大量流失，人类自己也有责任，你并没有讲出个道理来嘛！"

"对，我马上就讲，"大江哥哥回答道，"我刚才仅仅是讲到事情的一个方面，实际上我的这些特性给人类也带来了很大的好处。例如，由于我要从高处往低处流动，人们不仅可以利用它航行船只，而且可以在我的身体上选择合适的地点，修筑拦河大坝，建设水力发电站。这样我们就不会把浑身的力气白白地浪费掉，而是推动发电机，让它发出大量的电力。这种水力发电，既不用烧煤，也不用烧柴油，不会造成环境污染，又干净，又便宜，好处很多。"

"对，这是一件大好事。"大海妈妈赞赏地说。

"还有，我们在流动的过程中，溶解了丰富的矿物质和许多有机物的残渣碎屑，这虽然把我们的身体弄脏了，但却给水中的各种生物提供了丰富的食物。因此，我们和湖泊妹妹一样是陆地上渔业生产的重要基地。许多品种优良的鱼类专门在我们的身体里生活。有的鱼类虽然平时生活在大海妈妈的怀抱里，可是当它们要繁殖后代时，它们就要洄游到我们这儿来产卵哩！"

"对，这是第二件大好事。"大海妈妈接着又赞赏地说。

"再说一点，我们流过的许多地方，都是地球上许多国家开发最早、人口密集、农业发达的经济中心。人类在世世代代和我们打交道时，逐渐摸透了我们的脾气，掌握了我们一年四季活动的规律。他们知道我们什么时候开始涨水，什么时候水位最高，什么时候水位开始下降。于是他们就想出很多很多办法，比如修筑堤坝防止我们漫出河床，让我们老老实实地在河道里走，免得淹没农田和村庄。他们又修筑拦水坝和各种水利工程，让我们流到田里去，使那些干旱缺水的土地变成肥沃的农田。古代埃及人就利用尼罗河定期泛滥的特点，把含有大量腐殖质的河水用来灌溉农田，使尼罗河两岸的土地变得十分肥沃，有利于农业

耕作，促进了古埃及文明历史的发展和繁荣。"

"太好了！"大海妈妈高兴地拍着手，为儿子对人类做出这样大的贡献而兴奋不已。

听到妈妈的夸奖，大江哥哥反倒有些不好意思起来。他难为情地告诉妈妈："其实我也犯了不少错误。有时候，乌云妹妹一连几个月停留在我的上空，怎么也不愿意离开。她恨不得把她携带的兄弟姐妹全都倾注到我流过的地方。还有的时候，冰川大哥因为太阳公公老是晒着他，大量地融化成雪水，也都灌进我的河床。这样一来，我就受不了啦。我在很短的时间里水位急剧上涨，可是我的河床——也就是我住的房子是有限的，大量的兄弟姐妹全都跑到我这里来住，我的房子实在装不下他们。平时我这儿要是挤得慌，我还可以请湖泊妹妹帮个忙，因为她家里——湖盆是比较宽敞的……"

湖泊妹妹这时睁大一双水灵灵的眼睛，补充说："到了紧要关头，我也自顾不暇了。许多从天而降的兄弟姐妹把我的家挤得满满的，我没有别的出路，只有一条狭窄的通道直达大江哥哥那儿，我反倒还得指望大江哥哥帮帮我的忙，把一些兄弟姐妹给带走……"

"所以，这时候我们兄妹俩谁也指望不了谁。当然平时我们还是合作得很好的。"大江哥哥接着说，"在正常情况下，如果我的水位太高，湖泊妹妹总是主动地从我这里接走许多兄弟姐妹，让他们到她家住些日子，这样一来我对人类的威胁就大大减少了。相反，有时候我这里水位太低，无论是航行、发电、灌溉都感到水太少，湖泊妹妹又慷慨地把许多兄弟姐妹送到我这边来，使我为人类可以做出更多的贡献。"

大海妈妈听到这儿，一把搂住长得眉清目秀、身材苗条的湖泊姑娘，亲着她的面颊，连声说："好乖的孩子。真是懂事！"

湖泊姑娘性情文静，脾气又好，人品出众，平时不爱多说话，说起话来也是细声细调、文质彬彬的。她见妈妈当着这么多的哥哥弟弟夸奖自己，羞得满面通红，不禁用双手把脸蒙了起来，不好意思看人。过了一会儿，她突然想起一件心事，低声对大海妈妈说："妈，我还忘记告诉您一件大事，这些年有的地方突然刮起一股风，叫什么围湖造田，要湖泊献粮食。这些人真蠢，他们不知道我对于调节气候、减轻水害、发展水产、美化环境的重要作用，反而异想天开地要

我去做那些我无法办到的事情。他们把我身上的水统统抽干，要在我的湖底种庄稼，花费了很多很多的钱。他们不明白我的湖底全是多年淤积的烂泥和各种水生植物腐败的根茎枝叶，根本不适合庄稼生长。结果，我俊秀的面貌被破坏了，我和大江哥哥历来互相配合得很好的调节水量也无法继续下去了。"

"还有这样的事？"大海妈妈问道。

"妹妹说的全是实话，"大江哥哥对人们这样糟蹋自己的亲妹妹，从心眼儿里感到极大的愤怒，"哼，我不懂这些人究竟是想干什么？！"

大家顿时都沉默了。大海妈妈的心情更加沉重。她早就从太阳公公那里听说，这些年来，她有不少跟湖泊姑娘一样好端端的女儿，已经从地球上消失了。

过了片刻，大江哥哥继续讲道："所以我始终认为，人类自己也要负一定的责任。当然，我并不是为自己的错误打掩护，我刚才就讲过，在夏季暴雨季节，乌云姑娘让大批兄弟姐妹降落在我流过的地方，或者冰川大哥送来大批融化的雪水，我又窄又小的房子里实在没有办法容纳得下，湖泊妹妹又爱莫能助，人类事先准备好的人工水库又太小的时候，我当然只好冲出河床，漫上河堤，甚至把它冲毁，把挤在我这儿的兄弟姐妹送到田野上去松快松快，对于人类来说，这就是可怕的水灾了……"

说到这儿，大江哥哥羞愧地低下头，在座的小河弟弟、小溪弟弟想到这些不光彩的事情也有自己一份，一个个屏声息气，全都不好意思地躲到大江哥哥的身后去了。

"无论怎么说，这总是很不幸的事。"大海妈妈并没责备孩子们，反而语气温和地说。她问大江哥哥："难道没有什么办法，尽量避免这样的事情吗？"

这时，小河弟弟、小溪弟弟都从大江哥哥的背后钻出来，七嘴八舌地嚷了起来："妈妈，有办法，有办法……

"哎呀，你们一个一个地讲嘛！"大海妈妈笑着说。

"妈妈，我经过的地方是一片绿油油的森林，所以，身上一点泥沙都没有，河水也是清亮清亮的，像镜子一样。"从大兴安岭流过的小河抢先发言。

"说得完全对，一百多年以前，我经过的地方也长满茂密的森林，那时候我一年四季都奔流着清清的河水。是后来人类把森林全部剃了光头，把风景美丽

的山区变了岩石裸露的穷山秃岭。结果我也倒了霉，一到干旱的季节，我就干涸了，一滴水都没有。人们还要翻山越岭找水喝。可是等夏天乌云妹妹一来，我又吃不消了，大量的雨水引起山洪暴发，我也对人类造成很大危害……"说话的是来自陕西汉中地区的大河。

接着，来自中国其他地区以及欧洲、美洲、非洲、大洋洲的许许多多的大河、小河都用自己的亲身经历，现身说法，谈论起植树造林的好处来。

大海妈妈听见众口一词，不无感叹地说："这样看来，森林对于防止水土流失、减轻你们的危害，作用倒是蛮大的呀！不过，听说中国的森林面积只有百分之十几，而且分布又不合理，所以水旱灾害特别多。你应该把这个情况告诉他们，劝他们国家的人多多种树呀！"

大江哥哥笑着说："妈妈，你不用操心，最近中国已经开展了在全国植树造林的运动，还把 3 月 12 日定为植树节哩！"

"这就好啦！"大海妈妈放心了。

4 冰雹兄弟和白雪姑娘

大海妈妈见大阳公公已经跑到老高老高的天顶上，慌忙打住了和孩子们的闲聊。她系上一块天蓝色的围裙，对大家说："你们大老远赶回来，一定饿坏了，我给你们做饭去！"

大海妈妈刚要往厨房走，被大江哥哥一把拦住了："妈妈，今天你就好好休息休息，让我们自己来动手吧！"

说罢，他不由分说，把大海妈妈按在房间中央的椅子上，招呼了一声弟弟妹妹们。大家便七手八脚提着各自带回来的土特产，朝厨房跑去。

大海妈妈见孩子们一窝蜂地跑开了，房间里顿时安静下来，便不由得想念起许多还没有回家的儿女来。她走到窗前朝远方引颈眺望，只见水天茫茫，一望无际，只有几只白色的海鸥在海上飞翔，不时掠过水面，跃上蔚蓝色的天空。

大海妈妈眼巴巴地瞅着，脖子都望酸了，也不见其他孩子的影子。她失望地转过身，朝厨房慢慢走去。刚走到厨房门口，就听见里面传出一阵打架的声音。

大海妈妈吓住了，她悄悄地站在厨房门外，侧耳倾听里面的动静。

"我求求你们，看在咱们兄弟手足的情分，别把我干的事告诉妈妈，要不她老人家非得把我宰了不可。"一个粗哑的声音从厨房里传出来，接着是一阵低微的抽泣声，好像是谁跪在地上苦苦哀求。大海妈妈听不出说话的究竟是谁，她刚要迈进门槛，大江哥哥严厉的声音又使她不由得收回了脚步。

"好呀，你在外面干了这么多年的坏事，丢尽了我们全家的脸，连家门都不进了。我问你，你收到妈妈的电报没有？"

"我……我……"那个又粗又嘶哑的声音支支吾吾了半天，没说出话来。

"你还想撒谎是不是？"这是乌云姑娘愤怒的质问声。只听她的话音刚落，那个又粗又嘶哑的声音"哎哟"大叫一声，连声说："我不撒谎，我再也不敢撒谎，好姐姐，我老老实实地说……"可能是乌云姑娘狠狠地踢了他一脚。

"你说吧。"大江哥哥厉声说道。

可是，那个又粗又嘶哑的声音又沉默了，他故意"哎哟哎哟"地大声呻吟，嘴里嘟嘟囔囔地说："你们凭什么打人，你们这么多人打我一个，还讲不讲理？"

这时候厨房里的兄弟姐妹全都气极了，大江哥哥愤愤地说："既然你不把你做的坏事讲出来，说明你根本不想改邪归正，那我们就去找妈妈来——"

"大哥，大哥，"那个粗哑的声音又叫喊起来，"我说，我说，你们千万别去找妈妈——"

大海妈妈听到这里，心里早已明白了七八成，一股无名怒火从她的心窝一直冲到头顶，她猛地推开厨房门，大喝一声，厨房里的孩子们全都怔住了。

她推开众人，一把从地上抓起一个又矮又小的丑八怪，恨不能把他捏得粉碎，可是那个丑八怪冰彻透骨，遍身冷气，大海妈妈一生气，又把他扔在地上。

那个丑八怪吓得缩成一团，脸色像白纸一样。这个面目丑陋的家伙，是大海妈妈许许多多儿女中最不成器、最没出息的，他的名字叫冰雹。

大海妈妈用威严的目光向四周扫了一眼，发现厨房里除了刚刚回家的大江、大河、小河、小溪和湖泊姑娘以外，乌云姑娘和白雪姑娘不知什么时候也都回来了。

　　大家见妈妈的脸色铁青，知道妈妈真的发脾气了，谁也不敢做声，只有白雪姑娘胆怯地说："妈妈，我回来了。"

　　"你们回家为什么要偷偷摸摸的？"大海妈妈余怒未息，眼睛直瞪着缩成一团、浑身直打哆嗦的冰雹。

　　白雪姑娘连忙走上前，低垂着头，怯生生地说："妈妈，是这么回事：我在回家的路上，见到前面不远的地方出现一片片黑压压的乌云，我心里很高兴，大声地喊着乌云姐姐，朝那边飞去。可是等我飞近一看，乌云姐姐正急得满头大汗，原来是冰雹兄弟乘她不注意的工夫，从云层里溜走了。他不管下面长满的绿油油的庄稼，也不管下面的房屋、牲畜和人，狠命地往下砸，结果把一大片快要成熟的稻谷全都砸得粉碎，还打伤了几十头牛，我还看见有几个来不及躲避的小孩，头都砸破了，鲜血直流，号啕大哭……

　　"下面的人都在咒骂，说他们辛辛苦苦种了一年的庄稼全被冰雹兄弟毁了，许多老人眼泪汪汪地说：'这可怎么办哪，今年的收成全完了，我们一家可吃什么呀……'我听了难过得直掉泪。可是狠心的冰雹兄弟还哈哈大笑，幸灾乐祸地说：'活该！活该！可惜我每次经过的地区范围太小，我的个头也不太大，要不然我叫你们尝尝我的厉害！'"

"我可没这么说，白雪姐姐，你可不能血口喷人。"冰雹那双像老鼠一样的小眼睛滴溜溜直转，他偷偷地瞧了一眼大海妈妈，又连忙把脖子缩了回去。

"你就是这样说的，我可以作证，"乌云姑娘当面戳穿冰雹的谎言，说，"每逢我在夏天降雨的时候，你总是乘我忙得顾不过来的时候，偷偷地溜走，把鸡蛋大的冰块砸在地面上，给人类带去严重的自然灾害。你干这种缺德的坏事已经不是一回两回啦，哪一年你都要干，真是屡教不改。"

"你是不是这样做的？"大海妈妈向前迈了一步，大声喝问。

冰雹全身像筛糠一样抖个不停，他不敢再狡辩了。

"我见他这样蛮不讲理，做了坏事还不认错，便叫他回家来见妈妈，可是他死乞白赖地躺在地上装死，就是不回家。后来，乌云姐姐生了气，就用裙子把他蒙头盖脑地裹起来，往家里拖。他一边挣扎，一边嘴里还不干不净地骂我多管闲事，说他和我并没有两样，他是冰，我是雪，为什么说他是干坏事，而我就不是

干坏事。"白雪姑娘说。

"快到家门的时候,他死活也不肯往前走,乘我歇口气的工夫,他偷偷地从我裙子里溜出来,一下子钻到厨房里,躲在桌子底下,我们这才追了上来。"乌云姑娘接着说。

"你凭什么打人?"冰雹不服气地顶了乌云姑娘一句,又偷偷瞧了大海妈妈一眼。接着,他恶狠狠地瞅着白雪姑娘,用责问的口气说道:"我是不好,可是你也不比我好多少,难道就因为你长得漂亮,你干的坏事就不追究了?!"

白雪姑娘被气得脸色煞白,委屈地哭了起来,一颗颗泪珠变成了一粒粒滚圆滚圆的冰晶。

"畜生,你还有脸说话!"大海妈妈疾言厉色地对冰雹吼叫起来。她把白雪姑娘搂在怀里,用温柔的大手抹去她脸上的泪珠,指着冰雹的鼻子,说:"你有哪一点能和你的白雪姐姐比,别看你们都是冰雪,外表上差不多,可是你们对人类的作用完全不一样。你白雪姐姐对人类的贡献可大哩!人们常说'瑞雪兆丰年',这是因为她全身疏松多孔,冬天她躺在农田上,就像给庄稼盖上一床又松软又暖和的鸭绒被,能够为庄稼防寒保暖。而且你的白雪姐姐还能冻死许多危害庄稼的害虫，杀死过冬的虫卵。等春暖花开的时候，白雪又会把自己的身体融化成水，让农田饱饱地喝个够，让人们赶快春耕播种，好夺取农业大丰收。这些，你能做到吗？"

大江哥哥也接着说："白雪妹妹还能冻死空气里面的病菌，吸附飘浮在空气里面的灰尘，使空气特别新鲜、清爽，减少疾病，有益于人体的健康，这些，你能做到吗？"

乌云姑娘说："我在南极、北极地区，看见人们用白雪妹妹盖成防寒的屋子，在那些用白雪妹妹修筑的马路上，驯鹿拉的雪橇跑得可欢哩！"

"是呀，白雪为人类做了这样多有益的工作，可是你呢？"大海妈妈气愤地质问冰雹。

冰雹再也无话可说了，他装出一副可怜相，央求道："妈，您就饶了我吧，我以后再也不敢了。"

"不行！"大海妈妈声色俱厉，一口拒绝。她回头对大江哥哥说，"先把他捆起来！"

说罢，大海妈妈转身走出厨房。

当大海妈妈怒气冲冲地回到房间时，乌云姑娘匆

忙跟过来,劝慰大海妈妈说:"妈妈,捆他有什么用呢?我听说有个办法可以消除冰雹,使他今后再也不会对人类造成危害。"

大海妈妈疑惑地望着乌云姑娘,以为她又在捣什么鬼。

"真的,我已经亲身遇到过这样的事情。"乌云姑娘眨眨眼睛,一本正经地说。

"今天清早,您不是看见我在天空翻滚,和大风叔叔手拉着手跳舞,后来不就下了一场大雨吗?为这件事您还怪我。其实这次降雨并不是我自己要降的,这是一次人工降雨。"

"人工降雨?"

"是的。您当时可能没有见到有架飞机飞过吧?这架银灰色的飞机从我头顶上掠过时,从屁股后面撒下许多催雨剂,比如碘化银、干冰等,它们是很好的凝结核。我身体里包含的水汽一见到它们,就再也舍不得离开,一起跑到它们上面凝成水滴。虽然当时我的温度和含有的水汽,并不能够形成一次降雨,可是有了它们,照样能够降雨。"

"是吗?人类越来越聪明了。今后如果什么地方干旱缺雨，用这种办法就可以解决问题了。"大海妈妈说，接着她又问乌云姑娘："这件事情跟你说的消除冰雹又有什么关系呢？"

"当然有关系，因为冰雹也是在我的身体里面形成的。"乌云姑娘说，"当上升的气流挟带着大量水汽迅速升到高空时，由于高空很冷，水汽很快冷却成小小的冰晶。这些冰晶往下降落时，半路上遇到了空气中许多许多很冷很冷的水（这一层叫过冷水层）。于是便在冰晶的身上冻结上一层薄薄的冰，形成雪珠。雪珠比较重，往下掉得很快。它在往下掉的时候，表面又开始融化。可是这时候又有一股上升气流把它再次带回高空，它的上面又黏附了一些冰晶和雪花，身体又长大了一些。等它再往下掉时，经过冷水层，身上又包上一层冰。这么一再地来回升降，它的身体就像滚雪球一样越来越大，也越来越沉。等到上升气流再也托不住它的时候，它就从高空掉下来了，这就是冰雹兄弟。

"冰雹兄弟一般几毫米至几厘米大小，有时会像鸡蛋那样大，甚至更大。当他们从几千米的空中掉下来时，简直就像一颗炮弹，破坏性很强。有一年夏天，

北京下了一次冰雹，把许多漂亮的路灯玻璃罩打碎了，许多建筑物的玻璃窗也被打碎了，还砸伤了过路的行人……"

"你的冰雹兄弟这样无法无天，真是气死我了！"大海妈妈听到这里，心绪焦躁极了，她一筹莫展，连声叹息。

"妈，你别着急，冰雹兄弟虽然做了许多对不起人类的事情，人类吃了他的亏以后，逐渐也摸熟了他的脾气。他的形成和上升气流有很大关系。山区地形复杂，受热不均，容易使空气产生对流，所以，冰雹兄弟经常是在山区活动。因此，人们就在他路过的地方安上大炮或者土火箭，里面装上碘化银等化学药剂，当发现能下冰雹的积雨云经过时，马上发射炮弹或土火箭。那里面的碘化银等化学药剂能使空气里面的冰晶、过冷水滴变成雨水降落，这样就不会产生冰雹了……"

大海妈妈听乌云姑娘说罢，转怒为喜，连声说："这就好了，这么一来，他再也不能为非作歹了。"

说到这里，大海妈妈忽然别有所悟，她用手指戳了一下乌云姑娘的鼻子，嗔怪地说："死丫头，绕了半天圈子，你就不检查检查你自己。冰雹不就是在你那里才作怪的吗？你难道就没有过错？"

乌云姑娘涨红着脸，低头不语了。

⑤ 温泉弟弟和地下水哥哥

屋子里安静下来了。

厨房里只剩下大江哥哥和湖泊姑娘在忙着做饭。柴湿漉漉的，光冒烟不起火。大江哥哥鼓起腮帮子一个劲儿地吹着，倒灌的黑烟呛得他直流眼泪，他急得围着锅台团团转，不知怎么办才好。这时候，弟弟妹妹们在白雪姑娘的带领下，全都蹦蹦跳跳跑到院子里捉迷藏去了。

大海妈妈住的房子像座富丽堂皇的水晶宫。闪闪发光的屋顶，是无数个五颜六色的贝壳缀成的，四角装饰着美丽的螺钿。房屋四周的回廊和厅堂里矗立的八根高大的柱子，全部是红珊瑚建成的，上面雕刻着精美的海底风光的图案，乍一看酷似红色大理石的石

柱。在墙壁和天蓝色的天花板上，镶嵌着硕大的珍珠和红蓝宝石，光芒四射，漂亮极了。

房前的汉白玉环形阶梯，通向一个面积很大的绿色草坪，点缀着姹紫嫣红的奇卉异葩。不过这上面种植的不是陆地上的花花草草，而是许多色彩艳丽的水生植物，它们在透过海水的阳光的照耀下，发出令人目眩的奇光异彩。

这里安静极了，只有各种奇形怪状的鱼儿互相追逐，自在地游来游去……

大海妈妈正在房间里和乌云姑娘讲话，忽然听见院子里传来孩子们吵闹的声音。调皮的哄笑声中，夹杂着白雪姑娘嘤嘤的哭声。大海妈妈不由地皱起眉头，自言自语："这些淘气鬼，一见面不是打就是闹，叫人不得安宁。"

她正要走出房门去看个究竟。白雪姑娘哭喊着"妈妈——妈妈——"，穿过大厅，急匆匆地跑了过来。

大海妈妈顿时怔住了，只见白雪姑娘浑身水淋淋的，一件雪白雪白的连衣裙，好像被火烧了似的尽是大小窟窿眼儿，像个蜂窝似的。她啜泣着，漂亮的小脸蛋上挂了一串珍珠般的泪珠。

大海妈妈正要张口，从大厅外面传来沉重的脚步声，一个洪亮的声音用抱歉的口吻说："好妹妹，实在对不起，我可不是故意的，我一高兴就忘了咱俩水火不相容……"

白雪姑娘听见脚步声，就像是听见老虎追来，吓得连连后退，嘴里忙不迭地说，"你还跑来干吗？你……你离我远点儿……"

大海妈妈被眼前发生的事情弄得莫名其妙。她向前走了几步，一眼看清大厅门口站着一个披着一件米黄色大衣的年轻小伙子。她紧皱的双眉顿时舒开，抑制不住地开怀大笑，笑得前仰后合，连刚刚还在抹眼泪的白雪姑娘也受到感染，禁不住破涕为笑了。

原来这是一场小小的误会。

披着米黄色大衣的年轻小伙子不是外人，而是大海妈妈最小的儿子，名叫温泉。他和大海妈妈的儿女们虽然是一个母亲所生，但因为从小寄养在岩浆姑姑家里，性格与众不同。这是因为岩浆姑姑住的地方不像大海这样气候凉爽，那儿离地面有几百米甚至有几千米深，一年四季见不到阳光，老是漆黑一团，怪叫人害怕的。那里气候闷热，常年处于极度酷热的高温

状态，特别是岩浆姑姑，简直就像一团炽热的火。温泉弟弟刚到姑姑家里时也和普通的地下水哥哥一样，可是由于"气温"太高，他热得实在受不了，于是变成了一团热气腾腾的水汽。他经常想逃离那个炎热的黑暗世界。当他找到一些通往地面的岩石裂缝时，他就拼命地往上钻，等他离地面不太远时，压力减小了，温度也降低了，他又恢复原来的模样，变得和地下水哥哥一模一样了，唯一不同的是他全身热烘烘的，像烧热的水似的，因此人们特地给他起了个名字，叫温泉，以便把他和一般的泉水区别开来。一般说来，泉水的温度超过二十摄氏度，或者超过当地的年平均气温，就可以称为温泉。

闲话休提。再说温泉弟弟接到大海妈妈的电报时，时间已经不多了，他迈开双脚飞快地向家的方向奔跑，累得满头大汗。他越是着急赶路，沿途遇见他的人们却越抓住他不放，非要请他帮助人们干很多很多事情。温泉弟弟好说歹说，最后保证等探亲回来一定全部满足他们的要求，这才被人们放走。

当他走到离家不过几步远的地方，一眼看见多年不见的房屋，看见许多兄弟姐妹正在院子里捉迷藏时，他一颗激动的心几乎都要跳出来了，他高兴地大声喊着亲人们的名字，飞快地朝他们扑了过去。

这下可坏事了。当温泉紧紧地握着小河哥哥的手时，小河只觉得两手像被火烫了似的火辣辣的，赶忙把手缩了回来。接着他又亲热地和地下水哥哥拥抱，谁知道地下水哥哥刚刚接近他，胸口就像被烙铁烫着似的，"哎哟"一声大叫起来，赶快后退了几步。温泉心里觉得有些奇怪，他困惑不解地望着他们，这时他一眼看见站在对面的白雪妹妹，只见她含笑向他点头，身上穿着雪白的连衣裙，越发显得窈窕多姿，像个美丽的白雪公主。温泉便走上前，伸开双臂，托住妹妹的腰，把她抱了起来……

这时候，只听白雪妹妹"哇"的一声大哭起来，吓得温泉赶忙松开手。他定睛一瞧，不由得愣住了，原来白雪妹妹的衣服上瞬间全是大洞小眼儿，漂亮的百褶裙也变成了破布条。白雪妹妹一见刚做的新衣服被他弄坏了，又气又恼，扭头就哭着找妈妈去了。

温泉这时才想起自己的体温太高，他懊悔自己太鲁莽，狠狠地朝后脑壳拍了一巴掌，尴尬地苦笑着。

大伙儿见他那副狼狈相，全都乐开了。

　　大海妈妈见温泉弟弟忙不迭地向白雪姑娘赔礼道歉，便安慰白雪姑娘说："好了，别哭了，你温泉哥哥也不是故意的，你快到房里换件衣服吧……"

　　白雪姑娘见妈妈这样吩咐，不再说什么，便朝厅堂一侧的房间走去。这时候，正在厨房里忙得手忙脚乱的大江哥哥闻讯而至，一把拉住温泉弟弟的手，兴冲冲地说："好兄弟，你来得正是时候！"

　　温泉一见大江哥哥也回来了，接着又见湖泊姐姐从厨房里走出来，十分高兴。他问大江哥哥："有什么事情需要我做吗？"

　　大江哥哥望着大海妈妈，又望了望从门外蜂拥而入的弟弟妹妹们，连忙高兴地说："你们知道吗，温泉弟弟现在可能干哩！他不仅是个出色的大夫，能够给人们治病，而且还是个顶呱呱的农艺师，能在冰天雪地里让温室暖和得像春天一样，让人们在寒冷的冬天吃上各种新鲜的蔬菜，像什么西红柿、黄瓜、韭菜……他又是个多面手，能做饭、洗衣，能把冷冰冰的房子烤得暖暖的，还能发电。我提个建议，咱们今天烧饭做菜的事情就请他包下了，大家同意不同意？"

　　"同意！"厅堂里七嘴八舌地嚷开了。

温泉并不推辞，他连忙挽起袖子，抬脚就往厨房走。

这时，大海妈妈连忙上前制止，责备大江哥哥道："你这个做大哥的，弟弟刚进门连三句话还没讲，怎么就吩咐他干这干那！"

温泉却并不在意，反而回头笑眯眯地对大海妈妈说："妈，在咱们家里，不是吹牛，要说是做饭，他们谁也比不过我。您信不信，十分钟以后，我保证让你们吃上饭！"说罢，他走进厨房。

果然，一会儿工夫，温泉就把做好的饭菜摆在了厅堂中央的一张长条桌上。他俨然是一位技术娴熟的高级厨师，除了家乡的各种海味，像烧对虾、炒海参、干烧黄鱼、清炖牡蛎、油爆鱼肚、干贝汤之外，还把大家从各地带来的土特产加工成各种各样的精美菜肴和美味的食品——把大江哥哥捎回的黄河鲤鱼烹调成色香味俱全的红烧鲤鱼；把小河弟弟捎来的大马哈鱼做成了鲜美的鱼汤；把湖泊姑娘捎来的鲜藕、菱角，也一一加工成可口的菜肴和小食品……大家见温泉还学会了这样一招高明手艺，一个个赞不绝口。

吃饭的时候，白雪姑娘用筷子夹了一块甜丝丝的藕片，放进嘴里，朝坐在桌子对面的温泉哥哥轻声问

道："刚才大江哥哥说你是出色的医生，你真的会给人治病吗？"

温泉微笑着点点头。

"那你是从哪儿学会的？"白雪姑娘又问。

温泉扑哧一笑，嘴里包着的一口饭差点喷出来。他赶忙用手帕擦擦嘴，对白雪姑娘说："傻妹妹，我用不着学。我之所以能够治病，主要是靠我身体的高温。刚才不小心把你烫着了，可是对人类来说，我的温度高，他们很高兴。因为，我的温度比较高，可以溶解许多矿物质和气体，人们如果用我来洗澡，或者经常使用我，就可以治疗许许多多的疾病。"

"你的身体简直成了矿物仓库了！"白雪姑娘打趣地说。

"并不是每种温泉都是一样的成分，"温泉笑着说，"由于我们生活的地方岩石的成分不同，各地的温泉所含的化学成分也有很大差别。就像不同的药物可以治疗不同的疾病一样，不同的温泉水对身体的功用各不相同。有的可以促进新陈代谢，有的可以帮助消化，有的可以降低血压。"

"嗬，你真像个医生。"坐在温泉旁边的地下水哥哥，用眼睛打量着他，嫉妒地说。

快嘴快舌的乌云姑娘用胳膊肘捅了一下地下水哥哥，问他："你不也在地底下流动吗，你会不会治病？"

"我可没有那种能耐，"地下水夹起一只烧对虾，放进嘴里，"我只会打洞……"

"打洞？"乌云姑娘和白雪姑娘听他这么说，全都忍不住笑了起来，忙问是怎么回事。

"打洞就是打洞，有什么好说的。"地下水哥哥高傲地白了她俩一眼，爱理不理地回答。

大海妈妈见桌子另一头的几个孩子谈笑风生，忙问他们在谈什么有趣的事，当乌云姑娘告诉她，大家正在打听地下水哥哥用什么办法在地底下打洞时，大海妈妈很感兴趣地问地下水："我听说中国广西有个风景美丽的地方，名叫桂林，人们常说'桂林山水甲天下'，说那里山清水秀，还有许许多多奇特无比的地下溶洞，比神仙住的洞府还要漂亮，据说这都是你帮助他们建成的，有这回事吗？"

地下水哥哥见妈妈对自己的情况如此熟悉，不禁高兴得眉飞色舞，点头说道："那当然，不光是广西桂林哩，在全世界许多地方，我们都建造了风景美丽

的峰林和地下溶洞哩！比如云南的路南石林，你们看过电影《阿诗玛》吗？阿诗玛这个彝族姑娘死后，传说就变成了石林中的一块美丽的石头。广西阳朔的碧莲峰，广西柳州的立鱼峰，广东肇庆的七星岩，江苏宜兴的善卷洞，贵州的观音洞，等等，都是我们建造的。它们都以美丽的石钟乳或地下河的美丽景色吸引了无数的游客。"

"地下水哥哥，你的身体软绵绵的，怎么能在地底下挖出那么大的洞呢？"白雪姑娘困惑不解，问道。

"什么叫石……石钟乳？"乌云姑娘接着又问。

"是呀，连我也糊涂了。我原先以为你不过是供给人类丰富的地下水源，没想到你倒学会了建筑，还能开山挖洞，美化风景，这究竟是怎么回事？"大海妈妈问道。

地下水哥哥见大家的话题全都集中在他的身上，心里十分得意，他喝了一口鱼汤，两手比画着说："你们知道吗？地球上有不少地区是由石灰岩组成的，当我们流过石灰岩地区时，就会发生一种奇特的现象。石灰岩的主要成分是碳酸钙，这种岩石看外表是很坚硬的，可是它一碰见我们就会像豆腐一样被溶解了。

所以我们在石灰岩的缝隙里流动时，能把它一口一口地'吃'掉，使裂缝不断扩大。这样经过几千年、几万年的漫长时间，我们就能够让石灰岩地区形成挺拔秀丽的奇峰隆石；在地底下凿出幽深曲折的溶洞，同时形成一系列地下河和地下湖。由于我们溶解了大量的碳酸钙，流动时又吸收了空气中的二氧化碳，两者发生化学反应，就会变成碳酸氢钙。我们从溶洞的顶部滴下来的时候，一部分碳酸氢钙就会发生分解，把二氧化碳释放出来，碳酸钙就会在滴水的地方积聚起来，日积月累，洞顶就会向下'长出'倒挂着的石钟乳，洞底也同时向上'长出'石笋。有时经过很多很多年，它们又碰到一块儿，联为一体，就形成石柱了。这种地形，因为在南斯拉夫的喀斯特高原发育典型，所以科学上称之为喀斯特地形，也就是溶岩地形。"

"妈妈，地底下的溶洞风景真是太美丽了，有一次我走到半路上，突然钻进了地下溶洞，在里面跑了好久，才从另一个洞口钻了出来。"小河弟弟兴高采烈地告诉大海妈妈。

"真好。可惜妈妈年纪大了，腿脚又不方便，哪儿也去不成喽。"大海妈妈笑着对孩子们说。

6 海水，淡水

吃完饭，湖泊姑娘忽然想起她的提包里还有一包从杭州西湖带来的龙井茶叶，便对大家说："来，请你们品一品龙井茶。这种茶香味馥郁，止渴生津，算得上是茶中的上品，沏一杯尝尝，同意不同意？"

大家正觉得中午的饭菜太油腻，齐声赞同："太好了，饭后一杯茶，可以帮助消化，赶快烧水泡茶。"

一会儿，温泉弟弟手脚麻利地从厨房提来一壶滚烫的开水，又从大海妈妈的卧室里找出一只大肚茶壶——这是海底沉船里遗下的宋代磁州窑烧制的精致茶壶，在里面放上一大把喷香扑鼻的茶叶，熟练地沏起茶来。

桌子上摆好了个几只茶杯，大海妈妈和她的其他孩子还是第一次喝茶，全都好奇地端详着茶杯里淡绿色的液体，不知道这东西究竟是什么滋味。

白雪姑娘不习惯喝滚烫的东西，她不停地用嘴吹着，想让茶快一点凉。温泉弟弟可不在乎，他冷热不分，端起茶杯就往嘴里倒。大江哥哥、小河弟弟和地下水哥哥看温泉一饮而尽，也不甘落后地同时端起茶杯……

这时候，仿佛有谁偷偷地拧了他们一下，突然间，温泉、大江、小河、地下水一个个全都龇牙咧嘴，脸上露出十分难受的表情。小河弟弟"哇"的一声把满嘴的茶水吐出，接着哇哇地呕吐起来，把刚吃的饭菜吐了一地。

"我的妈，这茶怎么又咸又苦，像放了好多盐一样。"温泉弟弟愁眉苦脸地对湖泊姑娘说。

"天哪，你这是什么茶，可把我咸死了！"小河弟弟手按着胸口，翻了姐姐一眼，不满地说。

湖泊姑娘觉得很奇怪，她在杭州经常见到人们坐在湖边的茶楼上泡上一杯龙井茶，一边品尝名茶，一边游览西湖景色，人人都称赞西湖的龙井。怎么这茶叶一到家里就变得又咸又苦了呢？她满腹狐疑地端起茶杯呷了一口，不由得皱起眉头，忍不住吐了出来。

"这是怎么回事？"湖泊姑娘睁大眼睛，自言自语地说，又像是在回忆什么。

"谁知道？"小河弟弟噘着嘴顶了她一句。

这时候，大海妈妈也端起茶杯喝了一口，思索了一下，才恍然大悟，她笑着问温泉："你刚才是用什么水泡的茶呀？"

温泉一愣，望着放在地上的开水壶，忽然醒悟过来，他拍了一下自己的后脑勺，满脸尴尬地说："糟糕，全是我的错，我刚才稀里糊涂地把海水灌进水壶里了！"

"嘿，闹了半天原来是你用海里的水泡的茶，那还能不又咸又苦！"湖泊姑娘笑起来，嗔怪地说，"我说呢，龙井茶怎么会是这个滋味。"

湖泊姑娘接着告诉大家，她以前也闹过同样的笑话。原来在陆地上有的地方，像干旱的沙漠地区和内陆高原，有的湖泊里的水也像海水一样，又咸又苦，叫咸水湖。中国的青海湖、纳木湖、罗布泊，都是有名的咸水湖。这些湖水里含有很多有用的矿物质，如盐、碱、硼砂等，是化学工业的重要原料，可就是不能喝，不但人不能喝，连牲畜也不能喝。

湖泊姑娘说："有一回我冒冒失失地用咸水湖里的水沏了一杯茶，可把我咸死啦！"

事情终于真相大白。大家重新洗刷茶具，请地下水哥哥贡献了一壶又甜美又清洁的地下水，重新放到炉子上去烧。

这时，乌云姑娘心里觉得十分奇怪，她对大海妈妈说："妈，我们都是您的儿女，为什么您这儿的水又咸又苦，而他们——"她指着大江哥哥、小河弟弟、湖泊姑娘和坐在她身旁的地下水哥哥说，"为什么他们都是又甜又淡的淡水呢？"

"妈，我也觉得挺奇怪，"白雪姑娘问道，"听说古代的西方航海家，像哥伦布、麦哲伦的船队在海洋上航行时，虽然到处都是水天茫茫，却没有水喝，结果有的船员活活地渴死了。这是怎么回事？"

大海妈妈微微一笑，望着孩子们问道："这个问题提得好，不过，你们谁能回答这是什么缘故吗？"

大家面面相觑，一时回答不出来。

大海妈妈指着大江哥哥，问："你还不知道吗？"

"啊，我明白了，"大江哥哥拍了一下膝盖，恍然大悟，说．"我刚才就讲过，我们全世界的江河，每日每时都把许多溶解的矿物质冲到大海妈妈的怀抱里，结果妈妈这儿的各种矿物质越来越多。什么氯化钠、氯化镁、硫酸镁，全都溶解在妈妈这儿，怪不得妈妈这儿的水老是又咸又苦了。对吗？"

大海妈妈点点头，说："完全正确。我这里既有各种盐类，还有许多有机化合物等，'内涵'可丰富啦！"

"好家伙，怪不得海水又咸又苦，没法喝了！"温泉弟弟吐出舌头，惊讶不已。

"妈妈，为什么我们就没有那么咸呢？"小河弟弟还是不明白，问道。

"你们虽然都是从我这儿得到的水分，可是不要忘记，海水蒸发的时候，盐分可不会被带走，它们还留在我这儿，所以雨水里面是没有什么盐分的。刚才大江说得对，你们在流动的时候，一路上溶解了土壤、岩石里面的矿物质，另外，人们又把各种含有矿物质的脏水、废水排放到你们身体里，所以你们也含有不少矿物质，不过没有我这儿多罢了……"

"妈妈，人们说你的身体里面含有千分之三十五的盐，是这样吗？"大江哥哥问。

"这不过是个平均数字，我在全世界不同的海洋里含盐量也不一样。"大海妈妈接着告诉他们，在一些下雨特别多，还有许多江河流注的海里，因为淡水来源充沛，把海水冲淡了，水就没有那么咸，像位于欧洲北部的波罗的海；但是在印度洋西北部的红海，太阳一年四季火辣辣地晒着海面，气候特别干燥，周围尽是些干旱的沙漠，海水蒸发得特别厉害，那里的海水就会很咸很咸！”

　　“妈妈，这样说起来，地球上的水虽然很多，实际上人类需要的淡水并不多，你说对吗？”白雪姑娘心里还在惦记着那些古代在海上航行的人干渴缺水的情景。

　　“说得对。”大海妈妈点头答道，“地球表面被我占了大约百分之七十一。地球上全部的水量中，我占了大约百分之九十七。你们猜猜，淡水占多少？”

　　大江哥哥、湖泊妹妹、地下水哥哥、冰川哥哥聚在一起，埋头计算了一番，全都愣住了，原来他们统统加起来才只占了百分之二点七，还不及大海妈妈的一个零头哩。

　　“你们这回知道了吧，地球上的淡水是不算多的，绝大多数的水都集中在我这里！”大海妈妈得意地笑了起来。

　　“妈妈，人类不能饮用海水吗？”不知道是谁问道。

　　“不行，人类只能饮用淡水，像河水、湖水、地下水都适合他们饮用。”大海妈妈说，“海水不光是不能饮用，连灌溉农田也帮不了忙，因为庄稼也不能喝又咸又苦的海水，不然还没长大，就被腌成咸菜了。

工厂、轮船的锅炉，也不能用海水，因为海水会在锅炉里面结一层厚厚的锅垢，影响传热，严重的时候，甚至能引起锅炉爆炸，所以远洋的轮船都要装很多淡水。"

听到大海妈妈这样讲，白雪姑娘深深地叹了口气，自言自语道："那可怎么办？听说地球上有很多地方闹水荒，淡水供应远远不足，可是妈妈这儿又有这样多的水，人类就不会想想办法吗？"

"我的孩子心眼儿真好！"大海妈妈看到白雪姑娘愁眉苦脸的样子，心里很受感动，连忙安慰她说，"不要担心，有办法的。"

"真的？"白雪姑娘欣喜地问道。

大海妈妈不慌不忙地从书架上取出几本书，然后戴上老花镜，翻开书对孩子们说："人类是很聪明的。他们很早很早就想到这个问题，这几本书都是人类中最聪明的科学家写的，书的名字叫《海水淡化》。"

"海水淡化？"白雪姑娘和乌云姑娘第一次听到这个陌生的词汇，不解地问，"这是什么意思？"

"海水淡化，就是用一种方法使海水中的盐分和水分开，这样一来，海水不就变成淡水了吗？"大江哥哥见她俩大惊小怪，连忙解释道。

"对，他们用的方法其实并不稀罕，有的完全是从我们这儿学的，"大海妈妈翻动书页，继续说，"比如这本书里讲的一种太阳能蒸馏淡化法，就是把海水加热蒸发，再让水蒸气冷却变成淡水。我这儿不是天天如此吗？"

"妈妈，这上面画的是什么呀？好像是一个温室。"白雪姑娘指着书上的插图，问道。

"这叫太阳能海水淡化设备。它把海水盛在池子里，上面盖一个像温室一样的玻璃顶棚，或者透明的塑料薄膜顶棚。当太阳公公透过顶棚照射在海水上面时，海水受热蒸发，水蒸气就在玻璃或塑料薄膜上冷却，凝结成一颗颗淡水的水珠，这些淡水顺着顶棚的斜面流到水槽里，就可以用了。"

"嘿，这种办法不错，不用烧煤，非常便宜！"大江哥哥说。

"好是好，就是遇到阴天下雨就没法使了。"大海妈妈一边说，一边又翻到另一页上，继续说，"海

水淡化的办法很多。除了上面讲的太阳能蒸馏淡化法，科学家们还发明了很多新方法。比如科学家找到了一种薄膜叫'半透膜'。这种薄膜有个怪脾气，它只让溶剂通过，对溶质却开红灯，不准它们过去。所以，用这种'半透膜'做成的海水淡化器就像过滤器一样，能够把海水中的盐分滤掉，生产出大量的淡水。"

"这种办法实在太妙了，"白雪姑娘兴奋地喊起来，"我还知道一种办法，也可以使海水淡化！"

"你知道？"大江哥哥惊奇地问。

"哎，你别瞧不起人！"白雪姑娘兴奋得满脸通红，一双美丽的眼睛滴溜溜地转着，当她的目光从大家的脸上一一扫过时，她失望地说，"可惜冰川哥哥今天没回来，要不然他一定会告诉你们的。"

"你说说嘛，究竟是怎么回事？"大家见她欲言又止，着急地问。

"是这么回事。冬天的时候，我见到有许多地方的海水结了一层厚冰。这时候，人们就把冰块砸碎，搬到船上运到缺水的地方去。我很奇怪，他们干吗把这么沉的冰块搬走，有什么用呀？我好奇地跑到船上，看看他们究竟要干什么用。后来我看见一个像是炊事员的胖子，他抱起一大块冰放进厨房的锅里，然后又倒了很多米进去，居然煮起饭来了。你们想想，这不就是告诉我们，海水结了冰也能淡化吗？"

大家听白雪姑娘说完，斗信半疑地望着大海妈妈，似乎是等待她的判断。

大海妈妈赞赏地笑着说："白雪说的一点都不错，把海水冷冻到它的冰点（低于零摄氏度）以下，纯水会以冰晶的形式析出，盐分则会留在浓缩的海水中。这样一来，只要分出冰晶，将其熔化，就能得到淡水。"

正说到这里，门外传来一阵喊声："大海妈妈，您的信——"

大江哥哥闻声跑到门外，见邮递员是一个胖墩墩的海豚。大江哥哥知道，海豚是海洋里的游泳健将，游起来比发射的鱼雷还快。海豚的嘴巴里叼着一封厚厚的信，顺着门前的石阶飞快地游了过来。

大江哥哥接过信，一看信封上的邮戳印记，原来是从南极寄来的。他兴高采烈地举着信，喊道："冰川弟弟来信啦！"

7 冰川的来信

亲爱的妈妈：

当您接到您的儿子——冰川的信时，我相信，我亲爱的哥哥、姐姐、弟弟、妹妹一定都从世界各地回到您的身边了，正愉快地度过全家团聚的美好日子。我仿佛看见你们在欢聚，也似乎听见你们谈笑的声音，说心里话，我多么希望回到您的身边来啊，哪怕只待上短暂的几分钟，我也心满意足啊！

亲爱的妈妈，我离开您已经很多很多年了，我自己也记不清太阳公公在我的上空出现了多少次，因为在我生活的南极和北极，一年之中有一半时间是白天，在这个时期，太阳公公微弱惨白的阳光始终照耀着我们；而另一半时间却是黑沉沉的夜晚，太阳公公有半年时间不到我们这儿来。生活在寒冷而黑暗的冬天里，真有度日如年的感觉。

现在正是北极地区的"白夜"，这是一年最好的季节，冰面受到温暖阳光的照晒，开始出现了薄薄的一层融化的冰。巨大的冰山在海面漂游，随着寒冷的洋流到处流动。被称为"北极之王"的北极熊正在冰面上追捕猎物。在这里还有许多胖乎乎的海豹和海象，在冰面和北冰洋的沿岸欢乐玩耍。可是，和北极地区相反，我现在所在的南极地区，正是千里冰封、万里雪飘的冬天，暴风雪在呼啸，连最耐寒的企鹅也冷得缩着脖子，背对寒风紧紧地挤在一起取暖。人们简直难以想象，它们怎么能够在这样的条件下生存下来。

　　我虽然很想念你们，但是我克制住了自己，决定坚守在我的岗位上，暂时不回来看望亲爱的妈妈和兄弟姐妹们了。我相信你们一定能够谅解我，理解我为什么不能离开这里。我自从很久很久以前离开妈妈的身边之后，一部分来到许多山脉的高峰，在山顶上安家落户，成为高山冰川。在那里，我还是有机会回到大海妈妈身边的。每年夏天，太阳公公用强烈的阳光照射我们，使我的表面融化，于是就有一些雪水注入大江的上游，

随着大江哥哥一起回到家乡去。而且，我本身也并不是固定不动的，从我的名字——冰川或冰河——也可以看出，我像河流一样能够流动，只不过流动的速度很慢，甚至比乌龟还要慢得多。

不过，与冰盖冰川比起来，高山冰川算不了什么。我绝大部分都分布在北半球的格陵兰岛和北极诸岛以及地球最南端的南极大陆。人们之所以把我的这一部分叫冰盖，是因为我有厚厚的一层，覆盖在陆地上。

全世界冰川面积大约有一千六百万平方千米，如果我们全部都融化成水，那么全世界海洋的水位就会上升六七十米。这样一来，世界上许多靠近海洋的地区，包括许多著名的城市，都将葬身海底，中国的北京、天津、上海、广州等城市全部会被淹没。

我讲这些的目的，是要说明我不能回家的原因，尽管现在我的四周天寒地冻，寒气逼人，但是想到你们会谅解我，我还是很高兴的。

此刻，你们正在做什么呢？也许你们正围坐在大海妈妈身边听妈妈讲有趣的故事，也许你们在交谈彼此的见闻，如果你们不嫌弃的话，我就跟你们谈谈我在冰天雪地里的生活吧。

对于人类来说，我很早以前就是一个富有吸引力的谜。科学家们对我进行了多年的研究，许多勇敢的探险家冒着极地的严寒，到北极和南极探险。由于气候恶劣、航行不便，加上当时交通工具不太发达，近百年来有一些探险家为了探索我的秘密献出了他们宝贵的生命。

人类为什么对我如此感兴趣呢？因为我与地球今天的面貌、人类的生活有着密切的关系。我对地球的地形、气候、水文、动植物分布都有很大的影响。这里我仅举一个例子。

我虽然被严寒冻成了硬邦邦的冰块，可是我并不是一事不做。我在地球漫长的历史长河中也不是一成不变的。有的时候，地球

的温度突然变冷了，我占领的地盘就会扩大；有的时候，地球又变暖了，我占领的地盘也就相应地缩小了。当我规模增大时，大量的水就从大海妈妈那里储存到我这里，海面就会下降，浅海就会变成陆地；相反，当我缩小时，海水就会上涨，靠近海的陆地就会被海水淹没。由于我的扩大或者缩小，地球上的自然面貌会发生巨大的变化。

你们知道欧洲有个国家叫芬兰吧，它又被称为"千湖之国"。在芬兰的国土上，星星点点的湖泊妹妹，好像千万颗明珠，镶嵌在风景如画的森林中。北美洲的加拿大，也是一个湖泊很多的国家。这许多湖泊妹妹是怎样形成的呢？不是别人，正是我挖出来的。

我力大无穷。当我流动时，我本身的重量会产生巨大的压力，加上我的底部挟带着许多犬牙交错的大石块，所以我流动时就像一把锋利的锉刀，把沿途经过的地面，挖掘出许多深槽和盆地。等我退缩时，这些深槽和盆地里积满水，湖泊妹妹就在这里定居了。

　　我还在美国创造出了五个巨大的凹地，这就是今天美国与加拿大接壤的五个大湖——安大略湖、苏必利尔湖、休伦湖、密歇根湖和伊利湖。这些事情湖泊妹妹当然是很清楚的。

　　除此以外，人类对我感兴趣的地方还有很多。我是地球上最大的固体水库，全世界的淡水有百分之六七十保存在我这里，其余的分散在大江哥哥、小河弟弟、湖泊妹妹和地下水弟弟那里。因此，我的存在不仅影响着全世界的气候，也影响着人类的生存和各种活动。举一个很小的例子，我堆积得很厚时，就会滑到海里，形成巨大的冰山，它们在海上漂浮时会对轮船航行造成很大的威胁。1912年，一艘远洋巨轮"泰坦尼克"号首次航行，就被冰山撞沉，造成了不可挽回的损失。这是多么不幸的事情啊！

　　时间不多了，海豚马上就要出发，我只好赶快结束我的信。我希望兄弟姐妹们有机会到我这里来做客，当然你们要穿上足够御

寒的衣服，因为即便是夏天，我这里也比家乡的冬天冷得多（白雪妹妹除外，她倒是常常来看望我，和我做伴的）。

亲爱的妈妈，我还要告诉您一个好消息，我这里不再是杳无人烟的荒凉世界了。许多国家的科学家在冰天雪地里建起了南极考察站，对我以及南极各种奇异的自然现象进行系统的长期观测，其中就有中国的科学家呢。

您的儿子

冰川

⑧ 大海妈妈的礼物

大江哥哥把冰川的来信当众念完，大家纷纷议论开了。

白雪姑娘竖起大拇指，夸奖道："冰川哥哥真了不起，他在那样艰苦的地方待了不知多少年，从来不叫一声苦……"

大江哥哥点头同意，对弟弟妹妹们说："冰川实际上不知做了多少好事，可是他从来不自吹自擂。在全世界许多干旱的大陆中心，像中国的新疆、甘肃一带，我们不少河水主要就是靠冰川供给的。所以尽管那里气候干燥，到处是沙漠，可是由于高山上的冰川慷慨支援，沙漠中出现了许多水草丰美、牛羊成群的草场和土地肥沃、工农业发达的绿洲。"

"是这样的，我听说有些内陆地区遇到旱灾时，冰川哥哥就让人们在他身上撒上黄土和黑色的煤粉，这么一来，他就可以加快融化，大量的雪水滚滚流到沟渠里，滋润着干旱缺水的土地，解除了可怕的旱象，拯救了大片的庄稼。"湖泊姑娘补充道。

大海妈妈见孩子们谈得非常起劲，而且很有见地，心里抑制不住激动。她为孩子们的成长感到喜悦，也为自己的子女能够替人类做出有益的贡献而感到欣慰。于是，她让大家坐在她的周围，说出了她酝酿已久的一桩心事。

"孩子们，看到你们这些年来长大成人，一个个在自己的岗位上，用自己的本领为人类做了许多好事，

妈妈的心里说不出的高兴。"她亲切地望着每个孩子，见他们都睁大眼睛用心倾听，便继续说道，"本来妈妈觉得自己已经老了，这辈子为人类也算尽到了自己的责任：我为他们的航行提供了方便，我把大量的渔产资源供给他们享用，我还供应他们取之不尽的食盐……所以长期以来，我也觉得心满意足了。"

大海妈妈说到这里，从口袋里掏出一张纸片，然后又戴上老花眼镜，大家不知道妈妈要干什么。

大海妈妈继续说："今天我把你们兄弟姐妹找回来，就是要和你们商量一件事，我们全家开一个家庭会议，讨论一下我们怎样为人类做出更大的贡献，你们同不同意？"

大家齐声赞成。大江哥哥见妈妈早有准备，便要求妈妈先说，然后他们兄弟姐妹再一个一个地发表自己的想法。

"那也好，"大海妈妈点头表示赞同，"不过妈妈年纪老了，有想不到的地方，你们提醒提醒。"

说罢，大海妈妈对大江哥哥说："你到储藏室把一个大箱子给妈妈拿过来。"

大江哥哥转身穿过厅堂，朝储藏室的方向走去。

可是过了老半天，也不见大江哥哥的影子。乌云姑娘等得不耐烦，也朝储藏室跑去。过了不到三分钟，她跑来对大海妈妈说："妈妈，那箱子里面不知装的是什么东西，大江哥哥累得满头大汗，根本搬不动……"

大海妈妈恍然大悟，连连拍打自己的前额，不住地说："你看我这记性，他哪能搬得动，还得我亲自动手……"说罢，她从椅子上站起来，往储藏室走去。

当大海妈妈和大江哥哥吃力地把一个铁箱子抬到厅堂时，大家都惊讶得半天说不出话来。

这是一只长满斑斑铁锈的古老箱子，沉重的铁锁已经锈死，箱子四周长满了厚厚一层绿色的海藻和牡蛎，看样子这箱子的年纪比他们年纪的总和还要大得多。大海妈妈摸着无法打开的铁锁，让大江哥哥去取一把斧子来。大家都好奇极了，一个劲儿地问："妈妈，这里面装的什么呀？"

"一会儿你们就知道了。"大海妈妈脸上现出一团红晕，心情也十分激动。

大江哥哥挥动斧头，一连砸了七八下，忽然听见喱唧一声，如同山崩地裂一样，沉重的铁箱盖"吱呀——吱呀"地自动打开了。刹那间，万道金光像彩霞似的

从箱子里迸射出来，厅堂内顿时灿烂辉煌，像点起了千万盏灯一样明亮，大家不由自主地闭上了眼睛。过了一会儿，大家慢慢睁开眼睛，定睛朝箱子里望去……他们一个个张大了嘴，大江哥哥一失手，把斧子掉在了地板上。

大海妈妈见大家惊讶万分，这才开口说道："孩子们，这是咱们家的传家宝，也是妈妈积攒了一辈子的财宝。"

"妈，这是金子吗？"乌云姑娘拿起一块黄灿灿的金属块，问道。

"那个雪亮雪亮的是什么？"白雪姑娘指着银光闪闪的元宝问道。

"嘿，这个家伙怎么这么重？"小溪弟弟也挤过去，伸手去拿一个银灰色的圆球，可是使出吃奶的劲儿也提不动。

大海妈妈戴着老花镜，一面看着手里的纸片，一面清点箱子里的各种稀世珍宝。当她逐一清点完毕时，她把纸条折好，放进了口袋，然后对孩子们说道："孩子们，妈妈这口箱子里一共有多少宝贝，说实在的，我也说不清。我只知道，这里面有金、银、石油、天然气、锰、铜、铅、铀、钾……"

大家听到大海妈妈念出一连串宝贝的名字，全都直吐舌头。

大江哥哥急不可耐地打断了她的话，兴奋地问道："妈妈，您甭再往下说了，您看这么多宝贝该怎么办？"

"你们说怎么办呢？"大海妈妈的眼睛从眼镜底下望着孩子们，笑容可掬地说。

这一下可把大家问住了。大家面面相觑，不知道说什么好。

"那还不容易，咱们写封信让人们来取吧！"乌云姑娘自作聪明地说。

大海妈妈笑道："没那么容易，如果真是那样轻而易举，这些宝贝早就被取走了。"

"那怎么办？"乌云姑娘眨了眨她那乌黑的大眼睛。

"嘿，咱们真笨！"大江哥哥拍了一下手，若有所思地说，"现在第一步是先要通知人们，妈妈这儿有好多好多对他们有用的宝贝。至于怎么来取，那就要他们自己想办法了。"

"对，对，对，"湖泊姑娘和白雪姑娘应声道，"这

些宝贝是妈妈多年辛辛苦苦攒下来的，也不能白白送人。"

"说得对，"大海妈妈说，"人类要从我这儿取走这些宝贝，首先要发展科学技术。因为这些贵重的宝贝有的溶解在我的身体里面，要提炼出来，需要先进的科学技术和现代化设备；有的深埋在几千米深的海底，他们要想得到它，必须有本事深入海底，否则也只能望洋兴叹。不过，如果人类多动脑筋，总会找到办法的。"

大海妈妈说到这里，抬起右手指着她的卧室，对大江哥哥说："去取信封和信纸，我马上给人类写封信，告诉他们我愿意献出我的全部财产，就请他们想方设法来取吧！"

⑨ 大雾的冤案

大海妈妈的信足足写了一顿饭的工夫。她戴着老花镜，字斟句酌，生怕人类误解她的意思。她写好以后又从头至尾念了一遍，改了几个字，然后把信装进了信封里。可等她拿起笔准备填写收信人的姓名、地址时，她却踌躇起来。这封信究竟寄给谁，往哪儿寄呢？再说有谁懂得大海妈妈和她的孩子们的拼音文字呢？想到这儿，大海妈妈可犯了愁。

这时，外面的天色渐渐暗淡了。太阳公公风尘仆仆地奔走了一天，在西边的海面上捧了一把水洗了洗脸上的灰尘，猛地扎进海里，朝大海妈妈的水晶宫走去。

大海妈妈的孩子们见门外射进万道霞光，不约而同地回头张望。当他们发现原来是和蔼可亲的太阳公公前来做客时，全都欢呼跳跃起来，他们奔上前去，簇拥着太阳公公，活像一群小麻雀，叽叽喳喳地说个不停。

"哎呀，你们一个一个地说，要不我什么也听不清。"太阳公公笑眯眯地说，用手摸着孩子们的脑袋。

大海妈妈见太阳公公来了，连忙起身让座，接着低声吩咐乌云姑娘用上等的龙井给太阳公公沏杯茶。

"孩子们都回来啦？"太阳公公坐下后，用手将了将金黄色的胡须，问道。

"差不多都回来了，除了冰川这孩子有事来不了，

还有大雾、露儿，这几个孩子不知道为什么到现在还没有回来……"大海妈妈回答道。

太阳公公听大海妈妈提起大雾的名字，连忙对大海妈妈说："你的大雾实在是够调皮的，这会儿还在和人们开玩笑哩。我在半路上看见他了，他搞得天昏地暗，把我也弄得惨淡无光，飞机不敢起飞，轮船不敢启程，火车只能放慢速度，一个劲儿地鸣汽笛，唯恐发生危险。许多大城市里交通堵塞，交警急得满头是汗。听说英国伦敦发生的大雾中，还死了不少人……"

大海妈妈正要问个究竟，只见宽敞明亮的大厅里忽然雾气腾腾，乳白色的烟雾笼罩了一切。刹那间，大海妈妈什么也看不见了，连坐在她对面的太阳公公也只能隐隐约约地现出一圈灰白的光轮，厅堂里只听见孩子们惊慌失措的喊叫声。

"妈妈，你在哪儿呀？"这是白雪姑娘胆怯的声音。

"哎呀，我什么也看不见啦，这可怎么办？"小河急得哇哇乱叫。

大海妈妈见状，心中明白这是她的儿子大雾在恶作剧，连忙向空中厉声喝道，"大雾，你怎么这样不懂规矩！太阳公公是客人，又是长辈，你怎么敢这样胡来？！"

瞬间，厅堂里鸦雀无声，大家都惊奇地睁大眼睛，四处张望，想看看大雾究竟躲在哪儿。太阳公公被大雾遮住双眼，急得双手乱挥，可是无济于事。大海妈妈分明看见，在太阳公公的周围，雾气最重，连那样刺眼的阳光也完全被遮住了。

太阳公公气急败坏地说："大雾，有话慢慢说，别这样！"

"你为什么不分青红皂白，背地里说我的坏话？"半空中一个威严的声音质问太阳公公。他不等回答，接着又气愤地说，"我一向很尊重你，以为你光明磊落，正直无私，没想到……"

"胡说！"大海妈妈连忙打断了儿子的话，唯恐他再说出难听的话来，生气地说，"还不赶快给我滚出来！"

一瞬间，烟消雾散。大雾现出了原形——一个眉清目秀的男孩，正倚靠在红珊瑚的石柱旁，满腹委屈地垂着头。

太阳公公用手揉揉眼睛，见大雾已经消散，不禁摇头叹气，愤愤地说："真是胡作非为……"

大海妈妈急忙摆手，制止他继续说下去。她把脸一沉，转身对大雾说："太阳公公说你对人类造成很大的危害，有哪一点儿不符合事实，你完全可以解释嘛！干吗搞小动作？"

大雾慢吞吞地抬起头，眼泪汪汪地看着妈妈，脸上的肌肉不停地抽搐，嘴唇不断地蠕动。沉吟片刻，他突然怒气冲冲地说道："是的，现在人们都在议论伦敦烟雾事件，甚至捕风捉影地指责我是造成这些惨案的罪魁祸首。实际上这是无中生有的捏造。我和乌云姐姐是一对孪生姐弟，我们都是空气里面的水汽凝结形成的，只是她在高空，我靠近地面，并没有什么大的区别。当然我承认，我笼罩在地面上会阻挡人们的视线，造成交通拥堵，甚至因此发生过一些交通事故。但现在人们发明了雷达装置，即使在我出现时，航行也不会出现困难……"

"这些你不用再讲了，"太阳公公打断大雾的话，插嘴说，"你就说说伦敦烟雾事件吧！"

在座的大江哥哥、湖泊姐姐、白雪姑娘和许多兄弟全都紧张地探头倾听，屋子里的气氛顿时异常严肃。乌云姑娘悄悄地走到大雾弟弟的背后，轻声叮嘱他几句。

"乌云，回到你的座位上去！"大海妈妈喝道。她见太阳公公今天步步逼人，看来对大雾的所作所为十分不满，非要问个水落石出不可。虽然做妈妈的对子女总不免有些偏袒，可是在这种情势下她不得不摆出一副严厉的样子。她厉声对大雾说："死了一千多人，这还了得，你还不认错！"

"这不是我的责任。"大雾嗫嚅着回答。

"老弟，不要当面撒谎嘛，各国的报纸上都写得清清楚楚的，人尽皆知，"太阳公公故意拖长声调，"你只要老老实实地说出来，我保证……"

大雾双目怒视着太阳公公，气得满脸通红。他冷笑了一声，打断太阳公公的话，说："我当然有什么说什么。"

他转过脸，对大海妈妈说："如果我有半句谎话，妈妈怎么罚我，我都毫无怨言。伦敦烟雾事件使几千人不幸死亡，造成轰动世界的惨案，它的确有凶手。

"只是当时恰巧我也在现场，人们就不分青红皂白地指控我是凶手，报纸、电台更是大肆渲染，把我说成是无恶不作的坏蛋、累累作案的罪犯。但是，人们忘记了一个基本的事实，而这个事实只要公开出来，

真相就会大白。

"英国伦敦以多雾出名并不是今天的事。早在这座城市诞生之前，我就经常光顾泰晤士河畔这个美丽的地方，如同我喜欢在中国的重庆等地逗留一样。

"那么，为什么近代才发生毒雾事件呢？这是因为，随着现代工业的发展，许多工厂和家庭每天向大气排出大量污染物。里面的二氧化硫经过氧化，凝结在排出的烟尘上，形成硫酸雾，引起鼻腔、咽喉刺激性反应，浓度高时可引起支气管炎等病症，严重的可以使人窒息致死。

"还有一些污染物，在你太阳公公的帮助下，引起光化学反应，变成新的污染物，如光化学烟雾，危害更大……"大雾说到这里，故意瞅了太阳公公一眼。太阳公公装作没听见，把脑袋歪向一旁。

大雾接着说："由于英国是世界上工业发展最早的国家，所以在这个国家，特别是伦敦这样的大工业城市，空气污染非常严重。当时有人写过一本关于伦敦烟气的书，书名是'驱逐烟气'。我至今还记得其中有这样几句话：'探访伦敦的疲惫的客人，还未见伦敦街道，就首先从数英里之外闻到了臭味，这正是玷污该城荣誉的煤烟……伦敦居民不断吸入不洁净的空气，使肺脏受到损害。'"

说到这里，大雾歇了一会儿，好让自己稍稍平静下来。他向前走了几步，接着又说："由此可见，造成这一悲剧的凶手不是别人，正是人类自己，是他们用自己的手把自己谋杀的。这一点已经被许多有见识的科学家所证实！"

大雾说到这里，目光炯炯地注视着坐在椅子上的太阳公公。

这时候，太阳公公的脸红一阵，白一阵。大海妈妈和她的孩子们被大雾的慷慨陈词所触动，大家议论纷纷，都说伦敦烟雾事件的责任不能归罪于大雾。

大江哥哥气愤地说道："人类不仅污染了空气，也污染了我们。他们把工业生产中排放出来的有毒的废水和各种垃圾，全都倒在我们身上，弄得我们臭气熏天，河水都改变了颜色，鱼虾也绝迹了，水鸟也死亡了……"

大江哥哥的控诉，勾起了湖泊妹妹的伤心事，她眼泪汪汪地说："我的遭遇更惨。原先我是那么年轻、漂亮，人们把我看作陆地上的明珠，可是后来人们在

我的周围盖起许多工厂，他们不但不爱惜我，反而把我当成污水缸，把许多脏水、废水和有毒的物质全都排放到我这里。由于我流动很慢，结果我的水质变得有毒，大批的鱼儿和水鸟中毒死亡。我也丧失了美好的青春，变得又脏又丑，再也没有人愿意到我身边游玩了……"湖泊姑娘说到这儿，忍不住伤心地掩面痛哭起来。

大家见状，也都愤愤不平地指控环境污染造成的巨大危害。大海妈妈这些年来也深受其害，听到湖泊姑娘诉说的不幸遭遇，心里就像燃起了一团火，她冲脸色尴尬的太阳公公说："老公公，你都听见了吧，这能怪我的孩子们吗？我们一家辛辛苦苦为人类工作，从来不计较个人得失，也不企盼人类会给我们带来什么好处。可是他们究竟是怎样对待我们的呢？"

说到这里，大海妈妈愤怒地从椅子上站起来，在屋子里走来走去，边走边说："就拿我这个老婆子来说，人类这些年已经把我欺侮到了什么田地！我的儿子是污水沟，我的女儿是污水缸，我就成了他们的污水池啦！固体废物啊，重金属啊，农药啊，什么乱七八糟的都往我这里倒！"

"我是海洋生物的摇篮，可是由于人类这样糟蹋我，许多生活在我怀抱里的生物濒临死亡甚至绝种。就连我的儿子冰川生活的南极和北极，也都被污染了。人们从南极企鹅的体内竟然检出了滴滴涕！这样下去，这不仅是我们全家的灾难，人类自己也将面临更大的灾难，他们现在已经自食其果了……"

大海妈妈愈说愈激动，她的胸脯一起一伏，呼吸急促，海面上激浪排空，波涛汹涌。

太阳公公听大海妈妈一口气说完，连连点头，他先向大雾弟弟道歉，说自己没有调查清楚就下结论是错误的。接着，他又转身朝大海妈妈讲道："老嫂子，你说的这些情况我都清楚，这些都是人类的过错。不过，我要告诉你一个好消息……"

"什么好消息？"大海妈妈见太阳公公勇于承认错误，心里的气也消了一半，口气和缓地问。

"人类现在已经认识到环境污染的严重性，他们现在开始采取紧急措施，来保护环境了。"太阳公公环顾一周，继续说道，"不少国家目前已经制定了环境保护法，成立了环境保护和治理被污染的环境的研究机构，许多工厂企业对排放的废水、废气和废物都

事先加以科学处理，使它们达到国家规定的标准；同时他们还变废为宝，变害为利，对废水、废气和废物进行综合利用。特别值得高兴的是，一门专门研究保护自然环境的科学——环境科学已经建立起来了。"

"这么说来，人类已经认识到自己的错误了？"大海妈妈转怒为喜，问太阳公公。

"是的，现在他们正在逐步改正自己的错误。不少被污染的地方已经开始治理，有的地方情况大有好转。比如英国伦敦的泰晤士河，以前是臭气熏天，鱼虾绝迹，经过一段时间的治理，现在河水清澈，鱼群又开始在那儿安家落户了。大江，是不是这样？"太阳公公说罢，以询问的目光望着大江哥哥。

"这倒不假，看来人类对这个问题的确已经开始重视了。"大江哥哥表示赞同。

"既然这样，我们也非常高兴，希望人类继续努力，保护好自己生存的自然环境。"大海妈妈满意地说着，把刚写好的那封致人类的信递给太阳公公。

太阳公公用火眼金睛浏览了一遍，大为称赞："好，写得好！这样吧，我自告奋勇给你跑一趟，把这封信亲自交给人类。"

大海妈妈正发愁这封信无法投递，听太阳公公这么说，高兴得不得了，连声说："那就麻烦你了……"

"不必客气，为人类服务是我们的天职。"太阳公公一面说，一面把信揣进口袋里，连一口茶也没顾上喝，便匆匆忙忙地起身告辞了。

⑩ 霜姑娘和露姑娘

大阳公公的光辉刚刚消失，镶嵌在客厅房顶、墙壁和珊瑚柱上的大大小小的珍珠，就像一盏盏琉璃灯似的闪闪发光，把室内映照得如同白昼。

大海妈妈刚才十分兴奋，说了许多话，这会儿觉得有点儿累了。她一面打发乌云姑娘到门外张望，看看她远方的孩子还有没有赶回来的，一面坐在椅子上和孩子们闲聊，问他们这些年在外面生活的情形。客厅里笑语声声，洋溢着幸福欢乐的家庭气氛。

突然，乌云姑娘从门外飞也似的奔来，慌慌张张地大声喊道："不好了，她们……她们打起来了……"

　　大家全都大吃一惊，回过头来望着上气不接下气的乌云姑娘，不明白究竟发生了什么事。

　　"谁跟谁打起来啦？"大海妈妈皱着眉头，问道。

　　还没等乌云姑娘张口回答，大家已被门外的吵骂声吸引住了。众人的目光一起集中到门口，望着声音传来的方向，大江哥哥迅速奔跑过去。正在这时，大家看见，两个小姑娘像两只好斗的公鸡扭打在一起，从门外打到屋里，一个拼命挣扎，另一个拽着对方的小辫儿不放，嘴里还不停地骂道："你才是坏蛋！"

　　大海妈妈定睛一瞧，顿时脸色煞白，喝道："死对头，没进门就打架，还不赶快松手！"

　　打架的两个小姑娘听见大海妈妈的训斥，不得不松开手，停止了打斗。大家仔细一看，原来她俩不是别人，正是他们盼望的两个妹妹，一个是露姑娘，一个是霜姑娘。

　　说起这一对姐妹，大海妈妈心里就有气。她们虽然是一对双胞胎，可是无论是相貌还是性格，就像水和火一样截然不同。露姑娘长得圆墩墩、胖乎乎的，大眼睛水灵灵的，全身上下晶莹透亮，真像一颗闪闪发光的珍珠。她性格温和，一张小脸上老是挂着甜蜜的笑容，特别惹人喜爱。另一位霜姑娘就不大相同了，她长着一副瘦削的肩膀，高高的颧骨，眉毛直直挑起，加上毫无血色的薄嘴唇，叫人一看就不舒服。虽然常言道，人不可貌相，不过这位霜姑娘倒是一个名副其实的手毒心狠的女孩子。刚才大海妈妈亲眼看见，她和露姑娘打架时，用手使劲儿地掐着露姑娘的脖子，恨不得置她的亲妹妹于死地。要不是大海妈妈及时制止，说不定会打出人命来哩。

大海妈妈根据对子女自小的观察，对她们之间争执的是非曲直，心里早已明白了七八分，不过在没有调查清楚之前，她还不便做结论。于是，大海妈妈把脸一沉，问道："你们俩究竟是为了什么？有话不好好说，干吗动手动脚？"

大海妈妈话音刚落，霜姑娘往前走了几步，指着露姑娘的鼻子，气鼓鼓地说："就是她，我没招她没惹她，她跑来多管闲事，说我这也不是，那也不是，还骂我是坏蛋……"

露姑娘一声不吭，脸蛋涨得通红，小脸上挂着泪花，满腹委屈地在一旁抽泣。

霜姑娘见她不言语，更加洋洋得意，又添油加醋

地把露姑娘数落了一番。

"露儿，这件事是你挑起来的吗？"大海妈妈打断霜姑娘的话，转过脸向始终没有开腔的露姑娘问道。

出乎大家的意料，露姑娘并不否认，她点点头，说："妈，是我的错，我不该多嘴。可是我并没有骂姐姐是坏蛋，我是好心好意地劝她……"

这时，霜姑娘更理直气壮了，她双手叉腰，撇了撇薄嘴唇，提高嗓门嚷道："我的事也用得着你管？你也不照照镜子瞧瞧你那个模样……"

大江哥哥见霜姑娘蛮横霸道的样子，气不过地对霜姑娘说："有理说理嘛，不要话里带刺。到底是怎么回事，自有妈妈评理。你们俩先把事情的经过讲清楚。"

经大江哥哥这么一讲，兄弟姐妹们也全都七嘴八舌地开始批评霜姑娘，霜姑娘见众人都同情露姑娘，心里有些发慌，不过她还是强词夺理地说："讲就讲，走到哪儿我都不怕！"

这时候露姑娘用袖口擦了擦眼泪，说起了事情的经过。原来当她接到大海妈妈的电报以后，便告别了小花小草，匆匆忙忙地朝家乡奔跑。一路上她见到了她的好朋友们——茂密的森林、碧绿的庄稼、一望无际的草原……大家全都高兴地挽留她，要她在那儿多住些日子，因为露姑娘给他们带来了水分，使他们能够更快地生长。露姑娘亲切地跟他们说，她很快就要回来的，最迟也不超过第二天清晨。当黎明时分气温降低，地面的热气散发以后，她就回来了，她会凝结在大树的叶片、小草的叶子以及庄稼的叶子上面，变成一颗一颗晶莹闪亮的水珠，在上面滚动。

露姑娘告别了许许多多植物，继续向前方赶路。这时候，天快黑了，太阳公公已经钻到山背后去了。当她走到一块平整的田野上时，只觉秋风飒飒、寒气逼人，地里没有成熟的庄稼、蔬菜，还有山坡上的果树全都蒙上了一层白花花的像雪花似的冰晶。只见地上人来人往，忙不迭地在田间地头点起一堆堆的干草和木柴，瞬间火光熊熊，黑乎乎的浓烟在田野上弥漫，不一会儿就笼罩了整个大地。

露姑娘不知道下面发生了什么事，不由得停住了脚步。她放眼四处张望，只见浓烟中钻出一个又高又瘦的女孩子，她披头散发，惊恐万状地撒腿就跑，像是做了什么坏事似的。只听见田野上人声鼎沸，许多

人在大声嚷道："抓住她，抓住她，这个坏蛋把我们种的庄稼全给糟蹋了……"

露姑娘大吃一惊，连忙向前跑了几步，恰好和那个逃跑的女孩子撞了个满怀。她睁大眼睛仔细一瞧，啊呀！原来这个做坏事的女孩子不是别人，正是她的同胞姐妹——霜姑娘。

你想，看到这种情景，露姑娘能不生气吗？她觉得人们的咒骂声像鞭子一样抽打在她的心上，她不能容忍自己的姐妹做出败坏全家声誉的事。于是，她一把抓住霜姑娘的手腕，气愤地质问道："你在这儿干了些什么？为什么人们叫你坏蛋？"

霜姑娘没料想碰上了自家人，起初吓了一跳，不过当她看清站在面前的只有露姑娘一个人时，便使劲儿甩开她的手，撒泼地说："用不着你多管闲事，我爱干什么就干什么！"

露姑娘见她这样蛮不讲理，当然不能轻易放过她，便严肃地对她说："好吧，既然你做了错事还不承认，那我就告诉妈妈……"

她的话还没讲完，恼羞成怒的霜姑娘便把一肚子怨气全都发泄到露姑娘身上。她刚才趁着天黑没人注意，悄悄地在快要成熟的庄稼、果树以及许多水灵灵的蔬菜上恶狠狠地撒上一层薄霜。这层薄霜看起来并不显眼，好像在植物的叶片和果实上敷上了一层薄薄的白粉，其实它比毒药还要厉害得多。因为这时气温已经下降到零摄氏度以下，植物的叶片受冻以后，细胞里所含的水分会冻成冰，它的组织就被破坏了，植物就会死亡。霜姑娘正在为自己的恶作剧洋洋得意时，没想到人类已经摸透她作恶破坏的规律，早有所准备了。

当天，气象台发布了气温降低可能会出现霜冻的预报后，农民们连晚饭也没顾上吃，全体出动，在田野里燃起火堆，用熏烟的办法提高地面空气的温度，以驱散可恶的霜姑娘。在这种老鼠过街、人人喊打的形势下，她不得不撒腿逃跑，企图寻找别的无人防备的地方继续去为非作歹。可是，没想到偏偏碰上了露姑娘，便恶狠狠地揪住露姑娘的小辫儿，对她拳打脚踢起来……

露姑娘说到这里，气得忍不住哭了起来。大家见霜姑娘专干破坏农业生产的坏事，而且态度如此恶劣，一个个义愤填膺，一致要求大海妈妈主持公道，严厉

地惩罚她。

霜姑娘一看自己的狐狸尾巴藏不住了，突然改换手法，来个以攻为守，她一把鼻涕一把眼泪地大哭大闹起来，百般为自己开脱。

这时候，躲在墙角下面的冰雹弟弟冷笑了一声，用讥讽的语气对霜姑娘说："妹妹，别再耍无赖了。我和你都是人类的仇敌，咱俩既然做了那么多坏事，就低头认罪吧，何必还花言巧语为自己辩护呢……"

"你听见没有，连冰雹都能知错就改，你还要强词夺理！"大海妈妈厉声喝道。

这时候，霜姑娘真的像被霜打了一样，两腿发软，瘫在了地上。

尾声

太阳公公走了不到一个钟头，一封加急电报就从陆地上通过海底电缆送到了大海妈妈的水晶宫里。孩子们见到这份人类发来的电报，一起跑过来围着大海妈妈，争先恐后地抢着看里面到底写了些什么。大海妈妈连忙把电报举起来，叫大家安静安静，并且让大江哥哥念给大家听。大江哥哥从大海妈妈手里接过电报，便大声地念了起来。

尊敬的大海妈妈和各位朋友：

接到你们热情洋溢的信件，我们非常高兴。当我们知道大海妈妈决定把自己的全部财富贡献给我们时，我们兴奋的心情真不是笔墨所能形容的。当然，今天我们人类所掌握的科学知识和技术水平，对于要获得这些财富来说，还是太贫乏、太低下了。不过，我们愿意不断学习，努力钻研，不断加深我们对大海妈妈和各位朋友的了解，逐渐掌握大自然的规律，在认识自然、改造自然、利用自然资源的伟大征程中取得更大的成就。

今天，人类正在努力从事认识自然、改造自然、与自然和谐相处这项艰巨而光荣的事业。你们的来信对我们是一个极大的鼓舞。我们决心在已取得成就的基础上，向科学进

军，向海洋进军，早日实现大海妈妈许下的心愿。在这方面，我们期望继续得到你们的支持和协助，为建设一个富饶而美丽的世界、为发展现代科学而努力。

太阳公公转达了你们对人类的批评，我们诚恳地接受，并决心用实际行动改正我们对你们造成的不幸。请你们继续对我们进行监督。

大海妈妈和各位朋友，你们过去是，现在是，将来也将永远是我们人类的好朋友，希望我们更好地合作下去，并感谢你们的慷慨帮助。

人类

一阵暴风雨般的掌声淹没了大江哥哥的声音。大海妈妈和她的孩子们全都兴奋得满脸通红，感到由衷的高兴和激动。大家觉得再也坐不住了，一个个恨不得马上回到天空，回到陆地，回到自己战斗的岗位上去，和人类共同战斗，为人类贡献自己的力量。

大海妈妈的心情和孩子们一样。她看出了孩子们的心思，虽然她心里舍不得孩子们离去，但是想到他们肩负的重担，想到人类对自己的信任，她还是向大家宣布："孩子们，为了给人类做出更多的贡献，妈妈就不留你们了，希望你们在自己的岗位上，兢兢业业，埋头苦干，发挥自己的聪明才智……"

说到这里，大海妈妈的眼圈红了，她依依不舍地吻别了每一个孩子。不过，当她看到冰雹弟弟和霜姑娘时，她决定把他俩留下来，不想让他俩再出去为非作歹……

蔚蓝色的大海波涛滚滚，无边无际……

蜿蜒的河流在陆地上昼夜不息地奔流，平静的湖泊在山野里安详憩息，淙淙的地下水无声无息地在地底下奔腾，热气腾腾的温泉从泉眼汩汩流出，漫天的迷雾遮盖了山林和田野……

乌云在天空翻滚，暴风雨在呼啸……

瑞雪纷飞，冰河闪烁……

啊，这就是大海妈妈和她的孩子们！

大 海 妈 妈 和 她 的 孩 子 们

散文。

潮来潮往

|陈　馨|

"唰唰……"潮水奔涌着向前冲，又一下子缩回去，像倒吸一口气，思索一会儿，猛足劲又向前冲！

奔啊跑啊，来来回回几个回合下来，托举出一片沙滩，艺术化地描画成一个大大的月牙形。

退潮了！穿着平整沙衣的海滩在喊；退潮了！露出海面，正在深呼吸的礁石在喊；退潮了！被海浪推成一道栅栏的海草，扭着身子在喊；退潮了！趴在沙滩上的小贝壳，抬头看看岸，大声地喊……

"退潮了！"一群小脚丫似踩上了风火轮，旋转着涌向月牙滩。

月牙滩平整的沙衣褶皱了，大大小小的脚丫在上面肆意地印着脚印，独一无二的图案让月牙滩兴奋不已。捡贝壳、抓小蟹、堆沙堡、捞海带、挖蛤蜊……月牙滩上的童话世界开启了大门，孩子们开始制造一个个传奇。

潮汐是海的魔法，它顽皮地把一条魔毯，铺开卷起，卷起又铺开。无论铺还是卷，都是奔跑着、跳跃着、欢欢喜喜的。有时你会被它的奔跑与欢乐迷惑，看不出它是退还是进，弄不清是涨潮还是退潮？退与涨，有时声势浩大，有时静默。只见海浪往前奔涌，一道洁白手挽手向前冲。浪花翻卷，惊涛拍岸，未必就是涨潮了，以退为进的把戏海常玩。轻轻巧巧的小浪花跳跃着，没准就在不知不觉中漫过了不远处的礁石，封了你的来路。

冲一步，退一步，冲一步，退一步，直到面前的海滩被熨得越来越平，越来越大，你才明白，哦，退潮了；抑或是前面的一块礁石一会儿不见了，海滩变小了，你才发现，涨潮了！

潮要你时时刻刻关注它的动向，一点也不能马虎。

　　小时候曾和一群小伙伴去赶海，明显是退潮，大家趟着小水湾走向海的深处，海滩大得像广场，任你撒着欢挖掘它的宝藏。海螺是我们的最爱，礁石凹陷的小水湾里、鹅卵石下，一翻就是一大堆惊喜。惊喜不够就去泥里挖，黑泥里裹着蛤蜊，细沙里藏着蛏子或是软乎乎的八带。

　　我们走过海滩，就像开过一辆辆小型的挖掘机，掀开了海滩的门帘。大海的慷慨却越发引来了贪婪，我们提着小篮子、小筐子一个劲地往深海里走，总以为大海深处秘密私藏了更多的宝贝。

　　就在我们嘻嘻哈哈叫嚷着各自的收获时，海水没过脚踝骨了，一伙伴喊：快往回走吧，涨潮了！可谁听啊！小虾小蟹正和我们玩呢，小海螺小蛤蜊正往篮里捡呢。蹚着水，发现海水没过脚脖儿了。又一伙伴喊：真的涨潮了！大家才起身抬头望着来时路。海浪悄悄地翻涌着，没有很大声响。

　　往回走的脚步是一点一点挪的，涨潮了又怎样，潮水都不急，我们急啥！脚下还和一个小海螺、小蛤蜊玩捉迷藏呢。

眼瞅着海水直往我们的小腿肚子上靠，要是没过腿弯儿，小小的我们就迈不动步了！这时，我们有点慌了，顾不得小海螺、小螃蟹了，朝岸边跑起来，掀起浪花啪啪作响。

当我们迈过这片礁石，才发现靠岸的海滩没了，眼前是一片海！大家呼喊着，奔跑着踩着浅水往岸上跑，一个伙伴急得跑丢了一只鞋子，海水托起它，得意扬扬地漂走，幸好另一同伴把挖蛤蜊的小钩子一下子伸出来，钩住了那只鞋……

我们被潮水追赶着上了岸。坐在岸边沙滩上，回望大海，它已填平了我们所有的挖掘工程，拉上了宽阔的门帘，连礁石也藏起来了。浪潮正把舌尖一舔一舔地伸过来，懒洋洋的海岸放肆地狂笑着，而我们小小的心一直跳得很快很快，畏惧地望着大海，海口逃生般看着大海的舌尖，紧紧抱住从它那里采回的收获。

"月亮利用引力摆弄着生命"，有人这么说潮汐，大自然的威力无穷，常常就在它的举手投足间让人惊慌失措。

漫不经心的潮涨潮落，可以让赶海的我们心有余悸，也可以让一艘随流而上岸的小木船搁浅，在沙滩上寸步难行；还可以让码头上的踏板，无法下落到满载的客轮之上，让乘客瞅着岸干着急。

盛夏，号称亚洲第一滩的金沙滩上，总有巡逻车，在涨潮时刻沿着海滩上方的岸边，一路巡视。见到远处的礁石上站着人，便会用扩音器提醒："涨潮了，那边礁石上的朋友，请马上上岸，请马上上岸！"

常有远道来的游客不懂潮汐的迅捷，望望海水，轻缓地流淌着，涨潮？早着呢。往往就在不经意的瞬间，上岸的滩不见了，那块站立的礁石已变成了一座"孤岛"！

潮汐可是会对无视它的人做出惩罚，它悄悄地、任性地将陶醉于海景的人，置于险境，毫不留情地漫过礁石。

潮涨潮落，潮来潮往，潮汐是大海的欢歌，一年四季描绘着大海不同的景色。春天，海让潮汐挥舞绿色的长袖，把鲜嫩的海草送到岸边，画一幅清新淡雅的海景图，也让海边的人大饱海菜口福；夏天，潮汐里游泳的人们扑腾着尖叫的海浪花，有了鱼儿的欢乐；

秋天，海把潮汐写成一首宁静的诗，与高阔的天空相望，天高海阔；冬天，海仍让潮汐翻卷雪魄，天再寒，也要奔腾，也要汹涌。

潮来潮往，潮涨潮落，海的魔法再神奇也有它的规律，海边的渔民深谙潮汐的性情，依它而行，从不敢轻视它的存在。

潮来潮往

最美的海上日落

| 陈华清 |

　　乌石港是雷州半岛一个国家级的渔港。明朝洪武年间成港,迄今已有六百多年历史了。之所以叫"乌石",是因为这里的海边,遍布姿态万千、乌黑闪亮的海石。乌石的海上日落是一道美丽的风景,吸引众多的游客前来观赏。我的朋友张凤夫妇也千里迢迢跑来看日落。

　　天成台是观赏海上日落的最好之处。它位于乌石港对面一个月牙型小半岛上。

　　"天成台",古称"天台"。"天成"让人想起自然天成,天作之合。的确,这里的北拳海滩是大自然的杰作。由于潮汐的作用,长年累月堆积起来的海沙,

成了壮观的海滩。乌石港有了这个自然天成像一案台的防风前沿地带，遭受大海侵害的现象大大减少了。

走出碧绿的防护林，一个洁白的世界呈现在我们的面前。这是天成台的海滩，海沙洁白、细腻、柔软，看起来像白砂糖，摸上去又像柔软的棉花。我看过不少海，见过不少沙滩，像乌石的海沙这么漂亮的，不多。

在内蒙古，张凤夫妇看得最多的是风吹草低见牛羊的茫茫大草原；在广州，看得最多的是高楼大厦。像天成台这样美丽的沙滩，还是第一次见到。她激动地双膝跪在沙滩上，把双手插进海沙里，用力搓，揉，捏，动情地说："好美的沙子啊！好舒服啊！"

张凤原为乌石的落日而来，现在却被海沙迷住了。李生笑她天真得像个孩子。

一座座遮阳亭"种"在长长的沙滩上。这些亭子像撑开的大伞，又像开在海边的巨型蘑菇。每座亭子下面，有两张并排的躺椅。游客或坐或躺在木椅上，可遮阳避雨，可以观海。

这时还不到四点钟，红红的太阳依然挂在朵朵白云中，蓝蓝的海水依然滚烫滚烫的。可是，有不少勇士不顾天热水烫，早就在大海里逐浪嬉戏了。

坐在躺椅上的李生也要下海。我劝他等太阳落山，海水不烫了再去游。他说，不怕，就当是桑拿。

张凤不时望望天，又看看海。我忙安慰她说，别着急，太阳快落山了，你很快可以看到中国海边最美的落日了。

四点钟以后，太阳不再那么猛烈，不再晒得人生疼了。渐渐地，阳光虽然还是那么耀眼，但变得柔和了。迎面吹来的海风也有了丝丝凉意。这时，下海游泳的人更多了。

像火球般的太阳缓缓下降，映得满天红彤彤、金灿灿，海面也被晚霞映得红通通的，跟蓝色的海水混合，海平面上就像打翻了颜料，色彩斑斓，非常漂亮，十分壮观。海与天相接处连成一片，分不清哪是海，哪是天，只感觉海在飘飞，天在波动。

慢慢地，海平线变得很清晰了，太阳不再刺眼。海与天都变得平静了，静得像一幅巨型油画。为了更清楚地观看日落，我取下太阳眼镜，换上平时戴的近视眼镜。

人们或是躺在躺椅上欣赏日落，或是坐在海滩上，或是站在海边，连在海里游泳的人也停下来，站在海水里观看。映投到白沙滩上的人影，被拉得老长老长。

这时的海面平静得像安睡的婴儿。

"太漂亮了，美得简直像童话世界！"

"从来没见过这么好看的日落，简直不相信是真的！"

观看日落的人发出啧啧赞叹声，用手机、相机猛拍。

张凤呢，不知什么时候爬上了高高的瞭望台，高瞻远瞩地观日落，醉拍日落，连我在瞭望台下面叫她都没听见。

她想起张学友的《夕阳醉了》："夕阳醉了／落霞醉了／任谁都掩饰不了／因我的心／因我的心早醉掉／是谁带笑／是谁带俏／默然将心偷取了。"此时此刻，有多少人的心被眼前的夕阳迷醉了，有谁的心被落霞偷取？

我不再坐在躺椅上看日落了，也选择不同的角度拍摄。我最喜欢这个画面：彩霞满天，天水一色的红，观看日落的人成了画面的剪影。

最美的海上日落

哦，亲爱的大海

/ 雨 兰 /

哗哗，哗哗

哦，亲爱的大海

在低声说着什么

用海螺的耳朵去听

用海草的耳朵去听

用鲸鱼的耳朵去听

肯定会听到不同的故事

哗哗，哗哗

哦，亲爱的大海

胸怀里会藏着什么秘密

用海豚的眼睛去看

用海鸥的眼睛去看

用珊瑚的眼睛去看

肯定会看到不同的风景

大海

〈安武林〉

大海有一双很小很小的手。

小船儿知道，

不管是风和日丽的白天，

还是黑漆漆的夜晚，

只要那双小手一挠，

小船儿就会发出咯咯咯的笑声。

它一边笑："咯咯咯……"

它一边叫："痒痒痒……"

大海有一双很大很大的手。

大鲨鱼知道，

不管是太阳眯着眼睛笑的时候，

还是月亮优雅地散步的时候，

只要那双大手一抓，

大鲨鱼就会吓得落荒而逃。

它一边跑："怕怕怕……"

它一边笑："哈哈哈……"

海上日出 〈安武林〉

远远地

我看见海面上金光闪闪

好像节日的烟花

被点燃

我仿佛听到了噼噼啪啪的响声

它不断地升腾

不停地扩散

一路灿烂

染红了海面

最后变成一个大大的圆

宛若向日葵一般

挂在高高的天空

不停地

不停地向大海抛洒金色的花瓣

小贝壳

〈王宜振〉

海边小贝壳

请你告诉我——

"你的年纪不算大，

为啥皱纹多又多？"

贝壳笑呵呵

悄悄对我说——

"那是条条录音带

录下大海一支歌。"

诗歌

我的爸爸，
从大海边回来。
我无法测算，
爸爸的目光里，
含有
多少盐。
我更难以预计，
爸爸的胸膛里，
容纳
多少蔚蓝。
守住爸爸，
就等于，
守住
一个大海。
爸爸，
使我这个
从小没有见过
大海的人，
此次
有了一个大海
相伴。

我的爸爸从大海边回来

〈王宜振〉

扯一缕海风

〈金 本〉

扯一缕海风，
送给你。
你可感到了
一丝凉爽？

扯一缕海风，
送给你。
你可听到了
大海的歌声？

扯一缕海风，
送给你。
你可看到了
一片蔚蓝？

扯一缕海风，

送给你。

你可摸到了

大海的体温？

扯一缕海风，

送给你。

与大海在一起，

胸怀会像大海一样宽广！

是谁滴落了绿颜色？

〔金 本〕

是谁不小心，
滴落了一滴绿颜色，
在静静的海面上，
变成了一座小岛？

小岛上的土地是绿色的，
小岛上的树林是绿色的，
就连小岛上飘散出的空气，
也是绿色的。

那里的鸟鸣是绿色的，
那里的虫唱是绿色的，
就连那里传来的涛声，
也是绿色的。

是谁滴落了绿颜色，
变成了小岛？
让看过小岛的人，
心里总有绿色弥漫着……

谁咬伤了小海马？

〈金　本〉

谁咬伤了你，
小海马？
蹦蹦跳跳的小海马，
现在跳不动了。

快请来小螃蟹，
给你开开刀；
快请来小墨鱼，
给你喷喷药；
快请来小海带，
给你包包扎。

等你伤好了，小海马，
可要好好锻炼身体呀！
有谁再来咬你，
就狠狠给它一"马蹄"！

浪花别墅

〈金 本〉

我住在浪花别墅，
感觉身边处处都是浪花，
白天，是浪花的笑脸，
梦中，是浪花的歌声。

节日里，浪花
和我一同联欢，
唱歌，跳舞，
还送上最真诚的祝福。

生病时，浪花
陪伴在床前，
美丽的故事讲给我听，
让我的心情开满鲜花。

高兴时，浪花说：
"生活是美好的，
应该享受快乐，
快乐能够滋养人生。"

烦恼时，浪花说：

"酸甜苦辣都是营养，

苦后方知甜的滋味，

烦恼能让生活更加多彩！"

我住在浪花别墅，

感觉身边处处都是浪花。

我也想做浪花一朵，

住进很多别墅。

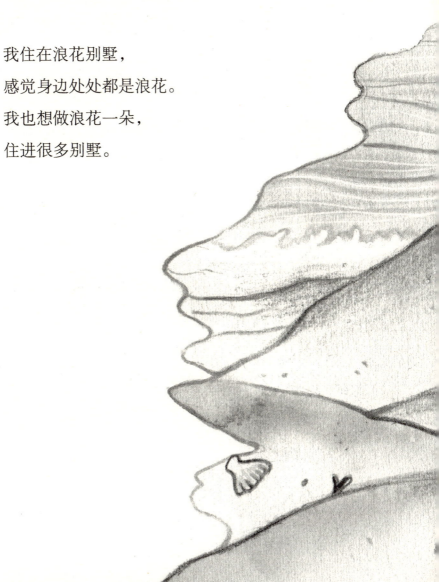

画一颗"爱心"

〈金本〉

在平展展的沙滩上，
我画下一颗"爱心"，
心形里的"爱"字很大，
旁边还写上了我的名字。

我盼望走过这里的人，
都能看到这颗"爱心"，
谁看到了它，
它就属于谁。

傍晚，我来看这颗"爱心"，
眼前的情景让我吃惊：
"爱心"周围写满了名字，
其中还有英文。

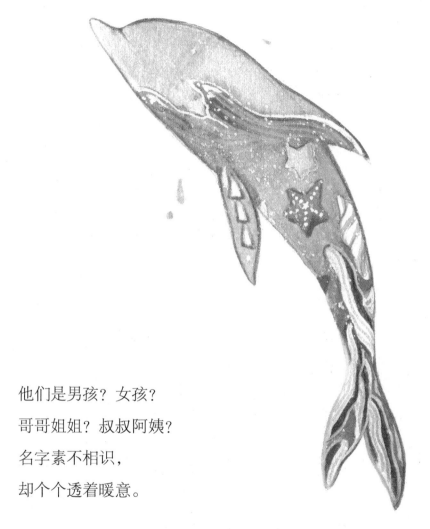

他们是男孩？女孩？

哥哥姐姐？叔叔阿姨？

名字素不相识，

却个个透着暖意。

我围绕名字画了个大大的圆圈，

像是地球的模样：

所有人的"爱心"都属于了我，

我的"爱心"属于每一个人！

写给大海的话，被我偷看了

〈金 本〉

沙滩上，写给大海的话，

被我偷看了。

"xxx，xxxxxxx？"

这里面有多少悄悄话。

这是一个孩子写的？

你看，话里还有汉语拼音哩。

他想向大海问询什么呢？

话儿那么天真。

这是一位姐姐写的？

你看，话里还画着"笑脸"哩。

她想告诉大海什么呢？

话儿那么动情。

这是一位外国友人写的？
你看，话里还有英文哩。
他想请大海回答什么呢？
话儿那么真诚。

沙滩上，写给大海的话，
被我偷看了。
这到底是一句什么话呢？
还是暂时保密吧！

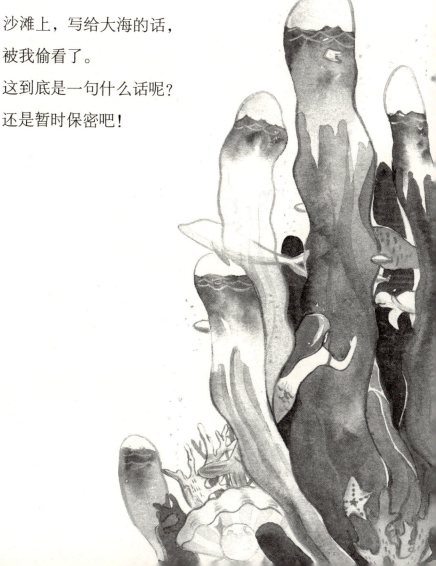

装一瓶海水带回家

〔金　本〕

装一瓶海水带回家，
放在我的床前，
看到这瓶海水，
大海仿佛还在身边。

涛声还是那样响亮，
此起彼伏，接连不断；
浪花还是那样雪白，
前呼后拥，光洁耀眼。

海风还是那样清爽，
时断时续，轻柔拂面；
小岛还是那样朦胧，
忽现忽隐，景象万千。

装一瓶海水带回家，
放在我的床前，
只要与大海在一起，
心情就会五彩斑斓！

大海边，

我拾到一个漂流瓶，

瓶内的纸上画着"爱心"，

还有许多签名。

那个用阿拉伯文签的，

家是在中东？

是个勇敢的男孩？

用签名呼喊：不要战争？

那个用英文签的，

家是在伦敦？

是个美丽的女孩？

用签名呼唤：保卫和平？

我拾到一个漂流瓶

〈金　本〉

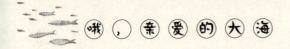

那个用德文签的，

家是在柏林？

是个聪颖的大哥哥？

用签名发声：携手共进？

"爱心"上，我发现了中文，

原来这是我放出的漂流瓶。

我是个中国少年，

用签名召唤：共同繁荣！

我把漂流瓶又放回大海，

让它一路前行，

希望再签上韩文、拉丁文……

地球上的大海彼此相通！

浪花雪白雪白，
为什么变得缤纷多彩？
是谁为它涂上颜色，
像花园百花盛开？

哦，
是我们一群孩子，
一同奔向大海。
泳衣像红花飘去，
泳帽像黄花飞来，
泳裤像蓝花相聚，
泳圈像紫花散开。
顿时，
浪花便有了颜色，
在水边镶出一条彩带。

浪花雪白雪白？
浪花缤纷多彩？
我们一同奔向大海，
留下谜语请你来猜……

多彩浪花

〈金 本〉

把窗子打开

〈金 本〉

把窗子打开，
请海风进来。
海风，你带来什么喜讯，
脸上闪着光彩？

千张渔帆已经集结，
只待日出，立即出海，
特大鱼汛盼着撒网，
宽大的船舱个个敞开。

把窗子打开，
请海风进来。
海风，你带来什么喜讯，
心情这样愉快？

万点渔灯已经回港，
披着晚霞，竞相归来，
特大丰收撑破渔网，
狂欢的渔民欢乐开怀。

把窗子打开，
请海风进来。
海风，听不够的喜讯，
愿你天天带来！

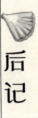

后记

海洋文学　别有天地

　　我国是陆海兼备大国，不仅拥有辽阔的陆地，更拥有绵长的海岸线和众多的岛屿，其瑰丽的景象与丰富的物产，令世人瞩目。自古以来，中华民族的血脉里就流淌着大海的气质，海洋和陆地共同滋养着这片热土。文学即人学，代表一个民族的精神和智慧。培养对海洋的美感和敏感，应该从孩子着手，所以我们吹响了海洋主题儿童文学的集结号，创编了这套"悦读海洋365"名家美文系列。

　　本书系由著名儿童文学作家安武林主编，集结了曹文轩、刘兴诗、张炜、金涛、小山、陈华清等老中青三代儿童文学名家，集中展示了他们以海洋为主题的原创儿童文学精品，倾情奉献给孩子们。书系以春华、夏花、秋实、冬雪分为四卷，分别为《哦，亲爱的大海》《夏天是一尾鱼》《眼睛是秋天的海》《冰海求生》四册。作品从儿童本位出发，配以精美插图，用儿童语言为孩子们讲述多彩丰富、极具感染力的海洋童话、诗歌、散文、小说，非常适合朗读。将大海给予我们生活的情趣、生命的意蕴、奋发的源泉，以及大海在四季轮回中的壮丽、变化，融合进生命的四季，融入每一天。通过这些具有人文（文化）关怀、海洋导向的儿童文学作品，希望可以让孩子们更深入地亲近海洋，培养他们热爱海洋的情感，增强他们保护海洋、探秘海洋的意识，在他们的心里种下蓝色好奇心的种子，奠定成长底色。

少年强则中国强。如今，在中华大地上，实现海洋强国梦的号角已经吹响，遍布全国的海洋教育千帆竞发。然而以往的海洋教育，往往注重知识的传递，忽略人文素养，缺乏能力培养和品格塑造，本书系适度地弥补了这样的缺憾。以美文打开孩子的心灵，以深情滋养孩子的童年，以想象力启迪孩子的智慧。

一定意义上说，探讨海洋与人、文学与人的关系是海洋文学的本质。溯源而上，人类与海洋的关系，经历了以远古神话为代表的"惧海"到以十九世纪前期的海洋诗歌为代表的"赞海"，又到以十九世纪的海洋小说为代表的"斗海""乐海"和以海洋科幻小说为代表的"探海"，直至以奥尼尔和海明威为代表的"亲海"的过程。从惧海到斗海、乐海，表现了人类的自信与勇敢；由惧海到探海，揭示了人类探索海洋的斗志和力量；由斗海到亲海，则反映了人类一种全新的宇宙观。人类对海洋的已知还不到她的5%，中国政府创造性地提出"构建人类命运共同体"这一美好愿景。当海洋不可避免地成为人类的另一个生存空间，"亲和"是我们对待她的唯一选择。在未来，探海这一主题将绵延不绝，而亲海会继续占据海洋文学的重要席位。

　　海洋文学，别有天地；海鸥翔集，向海而歌。海洋的阅读无处不在，海洋的潮汐就回荡在我们的心田。阅读海，就是阅读生命本身。

海鸥文学馆

图书在版编目（CIP）数据

哦，亲爱的大海 / 安武林主编.—青岛： 中国海洋大学出版社, 2019.1
（悦读海洋365）
ISBN 978-7-5670-1425-1

Ⅰ.①哦… Ⅱ.①安… Ⅲ.①阅读课—小学—课外读物 Ⅳ.①G624.233

中国版本图书馆CIP数据核字(2018)第297005号

书　　　名	哦，亲爱的大海
出版发行	中国海洋大学出版社
社　　　址	青岛市香港东路23号　　　邮政编码　266071
出 版 人	杨立敏
网　　　址	http://www.ouc-press.com
电子邮箱	wuxinxin0532@126.com
责任编辑	吴欣欣
电　　　话	0532-85901092
印　　　制	日照日报印务中心
版　　　次	2019年1月第1版
印　　　次	2019年1月第1次印刷
成品尺寸	150mm × 218mm
印　　　张	12.5
字　　　数	91千
印　　　数	1-10000
定　　　价	32.00元

如发现印装质量问题，请致电0633-2298958，
由印刷厂负责调换。